儒生文丛 第三辑

U0952307

一体微行

知止堂义学五周年回眸

胡晖瑩/著

知识产权出版社
全国百佳图书出版单位

图书在版编目（CIP）数据

一体微行 知止堂义学五周年回眸 / 胡晖瑩著. — 北京：知识产权出版社，2015.3

（儒生文丛 / 任重主编. 第3辑）

ISBN 978-7-5130-3254-4

Ⅰ.①一… Ⅱ.①胡… Ⅲ.①中华文化—儿童教育—校外教育—教育组织机构—概况—南通市Ⅳ.①K203-40

中国版本图书馆 CIP 数据核字（2014）第 301384 号

责任编辑：江宜玲　　**责任出版**：刘译文

封面设计：张　冀

儒生文丛（第三辑）

一体微行 知止堂义学五周年回眸

YITI WEIXING　ZHIZHITANG YIXUE WUZHOUNIAN HUIMOU

胡晖瑩◎著

出版发行：知识产权出版社有限责任公司　**网　址**：http：//www.ipph.cn

社　址：北京市海淀区马甸南村 1 号　**邮　编**：100088

责编电话：010-82000860 转 8339　**责编邮箱**：jiangyiling@cnipr.com

发行电话：010-82000860 转 8101/8102　**发行传真**：010-82000893/82005070/82000270

印　刷：北京科信印刷有限公司　**经　销**：各大网上书店、新华书店及相关专业书店

开　本：787mm × 1092mm　1/16　**印　张**：17.5

版　次：2015 年 3 月第 1 版　**印　次**：2015 年 3 月第 1 次印刷

字　数：212 千字　**定　价**：39.00 元

ISBN 978-7-5130-3254-4

“儒生文丛”总序

儒生者，信奉儒家价值之读书人也。“儒生文丛”者，儒家读书人之心声见于言说者也。近世以降，儒家斯文扫地，儒学几近中绝。国人等儒学于土苴，士夫视孔道为寇仇，遂使五千年尧舜故国儒家读书人渐稀，亿万万中华神胄儒生难觅！然则，所谓儒生者，儒家价值之担当者也；儒家价值者，神州中国之传承也；中国不复有儒生，是儒家价值无担当，中国之价值有所欠缺也。悲乎，痛矣！寅恪翁之言也！

今日中国，儒道再兴。儒生之见于神州大地，数十载于兹矣。今日中国文化之复兴，亦需今日儒生之努力，而儒家价值之传承，亦端赖今日儒生之兴起也。

“儒生文丛”主编任重君，儒生也。倾一己之力，编辑“儒生文丛”，欲使国人知晓数十年来儒家回归、儒教研究与儒学复兴之历程，进而欲使今日之中国知晓当今儒生之心声。故“儒生文丛”之刊出，不特有助于中国文化之复兴，于当今中国之世道人心，亦大有裨益也。

壬辰夏，余山居，任重君索序于余，余乐为之序云。

盘山叟蒋庆序于龙场阳明精舍俟圣园之无闷居

（吹剑修订于2015年）

题南通知止堂并寄子佩

绛帐轻纱歌绕梁，诗云子曰度韶光。紫琅山下波涛永，知止堂中岁月长。

一体微行开懵懂，千秋慧业起洪荒。春风诵罢茶烟散，齿颊犹存上古香。

——江南雨

知止堂义学：传统文化公益学习机构，创办于2008年8月，下设蒙馆、经馆、子不语网络读书会和布手艺课堂。

堂训：志于道，据于德，依于仁，游于艺。

教学理念：带领学员从传统文化中学习自强的力量、相容的气度、灵变的智慧，使之具有优雅的情怀和出色的文才。

义工服务理念：培养孩子，成长自己。

——知止堂义学博客

文字，如果只是文字，写出来是很容易的；但是，如果把它变成现实，变成一群人的行动，那又有多少人能理解并为之奋斗呢？

在江苏南通，知止堂义学的义工们用行动告诉你答案。

序　言

南通有个知止堂义学，这是我从网络上得知的。不时看到的消息给我留下了一个算不上清晰的印象：知止堂义学的活动办得很有特色。等到一心弘道的任重先生给我转来《一体微行》这部书稿，询问我能否为书稿的出版作序时，我才对创办5年的知止堂义学有了一个比较全面的了解。说真的，读罢整部书稿，我最强烈的感受是：南通的孩子们有福了！南通的家长们有福了！我遗憾我的家不在南通，我家中7岁的儿子没有机会到知止堂义学去学习，没有机会跟随知止堂义学的老师们去领略传统文化中的真、善、美。

知止堂义学是由胡晖瑾女士和她的同道们一起创办的。义学的自我定位是一家传统文化公益学习机构。对于“传统文化”这个概念，有时她们也用近年来颇为流行的“国学”一词来指称。“传统文化”也好，“国学”也好，其实都是外延很大的概念，但如果你看看知止堂义学的宗旨和具体开展的活动，就会发现她们理解上的独到之处，即以儒家文化为传统文化或国学的主流。知止堂义学的堂训是孔子的名言：“志于道，据于德，依于仁，游于艺”，语出《论语·述而》。诵读经典是知止堂义学开展的一项非常重要的活动，所读的经典主要是《弟子规》《三字经》等儒家蒙学著作和更深一些的“四书”、《诗经》等儒家经典。从知止堂义学的教学理念中透出一种既卓尔自立又宽容大度的文化意识，这是难能可贵的。在知止堂义学开设的课程里，有一个特色课程叫少数民族风情课。根据胡晖瑩女士的解释，这个课程的开设是出于义学所招收的学生包含多个民族这个考虑。令我感到佩服的是，胡晖瑩女士将这个现象带到她对国学的理解中去了。

从个人学问、修养的角度而言，与“立而能宽”相应的是“博而能约”，而后者又不仅仅停留于理解的层次，所谓博学于文而约之以礼。在我看来，这一点正可以理解知止堂义学所开展的活动的特别取向。知止堂义学以经典诵读与民俗体验为主要的教学内容，除了一些独特的地方性因素在起作用外，其实也与胡晖瑩女士及其同道们独到的文化意识有关。而她们之所以能够取得现在的成就，更是与她们独到的文化意识以及相应的实践智慧分不开的。

关于经典诵读课程，知止堂义学的特色至少表现在以下三个方面。第一，义学在经典诵读课程的设置与开展中很好地处理了义学与公共学校教育的关系。公共学校的课程设置中与经典诵读相关的主要是语文和德育这两个科目。义学在经典诵读课程的设置与开展中充分理解家长的意图，对公共学校相关科目的教育做了有效补充。第二，义学充分发挥“游于艺”的堂训，在经典诵读课程的开展上采取灵活多样、生动有趣、适合小学生年龄特点的形式，如将经典诵读与朗诵比赛、文艺演出等活动结合起来等。第三，义学里的义工老师从她们对经典的把握来理解她们的工作态度。她们认为经典的意义首在“修身立命”，“为往圣继绝学”是她们的理想，而“士不可以不弘毅，任重而道远”则是她们“迷茫时的精神支柱”。可以想见，有这样情怀高尚、理想远大、受经典指引的义工老师在，她们的经典教育绝不会不纯正。

关于民俗体验课程，知止堂义学真正做到了文化理念与地方特色的巧妙结合。知止堂义学的民俗体验课程主要聚焦于一些重要节日上。我们看到，不仅是一些具有深远历史的传统节日，如春节、元宵节、清明节、端午节、中秋节等，而且还有一些经过现代人重新理解的新节日或现代以来形成的节日，以及一些具有地方特点的节日，如孟母节（中华母亲节）、七夕节（中华情人节）、重阳节（中华敬老节）、教师节、晒书节等，都被纳入课程。知止堂义学民俗体验课程的另一个特点是其开展形式上的特别之处，读到时往往让人眼前一亮。比如中秋祭月的活动，想想一定是既神奇又有趣。至于民俗体验课程中呈现出来的地方因素，那更是数不胜数，除了各种各样的食物，还有元宵节放烧火、清明节祭文天祥、重阳节游览张謇墓园等，将南通的历史与文化从不同方面展现出来了。南通本来就是一个有历史积淀和文化底蕴的城市，而在知止堂义学对这些节日的意义诠释中，我们以新的方式看到了这个城市的历史积淀与文化底蕴。在这个意义上可以说，知止堂义学是南通历史与文化一个小而重要的诠释者和传达者。

最后，关于知止堂义学，我还想说一个在我看来非常重要的观察。知止堂义学的成功，还有一个非常重要的因素，那就是与社区的结合。根据胡晖瑾女士的自述，正是社区的大力支持，如为义学提供了场地、设施等，才使知止堂义学能够顶住开创时的困难，并了去很多后顾之忧，一直发展到现在。胡晖瑾女士提到的毛瑞红、张薇丽等社区和上级领导，也是知止堂义学的功臣。贺麟先生在 1941 年曾说：“民族文化的复兴，主要的潮流，根本的成分，就是儒家思想的复兴，儒家文化的复兴。”我不由地想说：中国需要更多的知止堂义学！知止堂义学，你的事业任重而道远！

唐文明 *

二〇一四年六月于清华园止巽斋

* 唐文明：清华大学哲学系教授。

目　录

2008年

（戊子年）

起 步 篇

2008 年的初夏，一次偶然的机会，我和南通市和平桥街道北濠东村的毛瑞红主任说起我的想法：利用社区资源，办一个义学堂，一方面可以为青少年儿童创造学习中华传统文化的环境，另一方面可以推进新时代的文化建设，为建设和谐社会尽一份力。提议得到毛主任的大力支持。在 2008 年以前，全国儿童读经的氛围远不如现在浓厚，读经班能否得到青少年及家长们的欢迎，走社区社团模式是否可行，我们心里一直忐忑。后来我们的想法得到了南通市民巡访团张薇丽副团长的关心，她对我们的设想给予了肯定，并积极出谋划策，鼓励我们开办社区课堂，招募义工老师授课。于是，我们的教室在社区多功能室正式落户了。

地点有了，还缺老师。我在论坛上发了招募国文义工老师的帖子，从此结识了两位网友，也就是我们第一批的义工老师——李晨玲和吴乃顾。两位都是刚刚走出校门、步入社会的年轻人。

经过近一个月的准备，2008 年 8 月 17 日，知止堂义学的第一堂课在南通市少儿书店正式开始了。最初学员主要来自和平桥街道，最远的来自虹桥新村；最大的上小学六年级，最小的才上幼儿园中班。南通市少儿书店还向学生们赠送了图书《弟子规》。从第二堂课开始，课堂搬回了社区教室。这里有统一的桌椅，有投影仪和电脑。

然而，事情并没有按照我们预想的那样发展。正当我们满怀热情、意气风发之时，学生的人数却一次次减少。最尴尬的一幕出现了：两个月后的一堂课，偌大的教室只来了3个学生，空荡荡的教室里孩子们零散的声音格外刺耳。课后，有家长问我们："老师，这个班还会继续吗？""会的，哪怕只有一个学生，我们也会坚持！"我回答得非常干脆。其实，这是为自己鼓气。

5年后的今天，每当我回想起那堂课，依然能感受到当时的苦涩。看着今天满教室的孩子，很多家长说："你们的义学真不错，大家很支持你们。"实在庆幸，不论当初多么艰难，我们3位义工老师都咬牙坚持着，没有放弃。

第一堂课

民俗活动篇

说起今天的知止堂义学，大家都知道有两个特色：诵读经典、体验民俗。

从 2008 年开始，传统节日进入了我们的教学计划。

第一次组织民俗活动，我们颇为忐忑，不是担心没有人来参加活动，而是担心这样的活动能否被允许。

2008 年 9 月 14 日，开课后一个月，戊子年中秋祭月仪式在城隍庙的仪门里举行。对于这个地点的选择，我们经过了仔细的权衡。得知我们过中秋节要“烧香”，当时有很多人不理解——你们这不是搞封建迷信吗？如何回避这个敏感问题呢？经区民族宗教局领导的介绍，我认识了城隍庙的葛昆银道长。葛道长古道热肠：“如果不嫌弃，你们就在城隍庙仪门里进行吧。这里晚上没有闲杂人，而且如果有人说三道四，可以说是宗教活动，这是宗教场所。”

这是我们组织的第一场民俗活动，参加者共 5 个孩子，7 个成人。我身着汉服，带领大家举行了祭月仪式，结束后还举行了古诗朗诵会。说是“会”，其实就是 5 个孩子轮流上去朗诵了一首与月亮有关的古诗。

这是一场很低调的活动，也是一场很神奇的活动。事后我们也没有与别人讨论这是否是“封建迷信”，但是传统仪式竟然就这样被接受了。

3 个月后的冬至，我们又举行了戊子年冬至节活动。

冬至节的活动是在北濠东村社区举行的。这时，学堂有近 10 个学生了，附近的居民听说有这样的传统活动，也有带孩子来见识的。那天参加祭拜的孩子有近 20 人，围观的居民更多。发九九消寒图、为社区老人送上鞋袜、搓汤圆，这个节过得热热闹闹。这次活动，南通电视台、南通日报社、江海晚报社的记者都来了。在其后的新闻报道中，“冬至重温民俗”“汉服爱好者”“弘扬传统文化”成了关键词。

寓教于乐篇

在2008年的4个月中，我们除了带领孩子诵读经典，体验民俗外；还根据孩子们的特点寓教于乐，课堂形式呈现多样化。

先开地理课

读万卷书，行万里路。10月，学生姜寓宸有机会和爸爸去了一趟宁夏。那么远的地方，别说孩子了，我们几位老师也没有去过。机会难得，于是我们决定安排一节课让姜寓宸当“小老师”，和大家讲讲在宁夏的见闻。为了配合好“小老师”，我事先也搜集了一些关于宁夏的历史、地理、风俗、气候等的图片及文字资料。

“小老师”也不容易，上课前发现他的“讲课资料”忘了带，于是吩咐老爸火速赶回家把资料拿过来。有了图片，“小老师”看图说话，课也上得非常生动。同学们坐在下面不用举手，七嘴八舌地议论着。“贺兰山有多高？”一个同学问。这么专业的问题让才上一年级的“小老师”招架不住了。“主峰3556米。”我提醒他，总算应付过去了。怕这些学生还缠着“小老师”继续问这样深奥的问题，我连忙插话道：“南通的狼山高约100米，你们说贺兰山的高抵得上几座狼山啊？”“355座。”“哇，这么高。”“贺兰山的石头被称为蓝宝，枸杞被称为红宝。”“还有绿宝是什么？”

家长竟然也参与提问。“小老师”使劲儿挠了挠头，最后腼腆地摇了摇头。知之为知之，不知为不知。“小老师”的诚恳得到了大家的谅解。最后，同学们还学习了一首与宁夏有关的诗——王维的《使至塞上》。

使至塞上

王维

单车欲问边，属国过居延。征蓬出汉塞，归雁入胡天。
大漠孤烟直，长河落日圆。萧关逢候吏，都护在燕然。

再开音乐课

为了不吓跑带着孩子来的家长，一开始我们没有选择《论语》，而是《弟子规》。《弟子规》三字一句，十分顺口，而且是一部非常详细、深入、极具文学性的小学生日常行为规范。行为规范是要落实在行动上的，可是如何让孩子们记住并落实呢？我们决定把“背诵”改成“吟唱”，这一举措果然很受孩子们的欢迎。跟着视频学唱，孩子们不光唱，还跟着画面模仿动作。

这一学唱不要紧，从此把孩子们推上了南通市各类群众性公益演出的舞台。12月，适逢义工联合会正式成立，我们的吟唱《弟子规》是压轴节目，14名孩子参加了演出。这是一个社区的小舞台，也是我们的第一次演出。演出之前，我们还担心孩子们会不会出现意外状况。但是出乎所有人的意料，吟唱过程中非但没有意外状况发生，而且主力选手超水平发挥。在他们的带领下，12分钟的吟唱博得所有领导与来宾的交口称赞：“太意外了，没想到这些孩子表演得这么好。”家长们更是喜上眉梢。

社区小舞台，第一次表演就精彩。从此，更多、更大的舞台等待着他们。

教学问答篇

问：《弟子规》学了、背了，孩子在家里学得挺好，这个出门行吗？管用吗？

答：孩子学了《弟子规》走到社会上会不会吃亏？会不会上当？会不会受骗？《弟子规》是智慧，智慧是让你知道什么对自己有利，什么对自己有害，什么对自己是善，什么对自己是恶。孩子学了《弟子规》，走向社会以后，他会趋吉避凶。譬如说《弟子规》上有一条："斗闹场，绝勿近，邪僻事，绝勿问"。孩子如果学了《弟子规》，并且做到了，他会去网吧吗？他会去歌厅吗？他会去不健康的场所吗？他不会去。不会去，他用时间来干什么？"唯德学，唯才艺，不如人，当自砺。"如果你是老板、领导，你难道不喜欢下级品德好、学问好、才能高、手艺强？如果有一个吃喝玩乐的和一个"唯德学，唯才艺"的，我想大家肯定用后者。所以孩子学《弟子规》不会吃亏，要有这种信心。

问：有一次，孩子在幼儿园，老师发书给孩子们看。我的孩子拿到书之后恭敬地对老师说："谢谢老师！"继而说："老师辛苦了！"谁知班里却有几个孩子笑她、学她。对这种幼儿园和读经班教育"方式"不一致的情况，我们怎样引导孩子好呢？

答：首先要恭喜这位妈妈，恭喜您有一个懂礼貌的好女儿。

这样的孩子，我想任何一个心智正常的成年人都会喜欢的。

现在您的困惑是孩子在读经班受到的教育与幼儿园不一样，可能会让孩子觉得无所适从。不过，我觉得在引导孩子之前，我们先要梳理一下自己的思路。

孩子有礼貌错了吗？没有。

孩子是不是应该一直很有礼貌？应该。

人之初，性本善。性相近，习相远。

这个现象印证了《三字经》中的这段话。学习，使人与人之间的差距加大了，读经与不读经的孩子的差距也就在此。

社会是一个大课堂，对孩子来说，这就是很好的一课。她也许觉得被别人嘲笑了很委屈，妈妈就要给她信心，告诉她讲礼貌并没有错，所有的爸爸、妈妈、老师都喜欢有礼貌的孩子。为什么会有小朋友笑话她？那是因为笑话她的小朋友没有读过经，而且，不是所有的小朋友都笑话她，只有极少数的小朋友这样做。当孩子明白她这样做是对的之后，她自然不再害怕别人的嘲笑。

《弟子规》说：同是人，类不齐，流俗众，仁者希。

您女儿的行为就是这句话的注解。

以前孩子读书的时候，家长总是担心孩子无法理解句意，费尽心思去解释。死板的句意解释不如让孩子联系生活自己去体会，我们不要让孩子读死书，死读书。读经的目的不是让孩子在客人面前表演会背了多少段落，而是提高自身的修养。您的孩子从小读经，她的根基正、悟性好，以后在社会这个大课堂里，相信她一定会运用先贤的智慧，描绘自己的人生，趋吉避凶，平安一生。

问：孔子说：“父母在，不远游”。现在的社会恐怕没几个人能做到。

答：断章取义是学习的大忌。这句话出自《论语·里仁》，原文是："父母在，不远游，游必有方。"

意思是说："父母在世，不出远门。如果要出远门，必须要有一定的去处。"方，在这里是指方向、地方、处所。这句话要辩证地来理解：孔子既强调子女应奉养并孝顺父母（远游就做不到了），但又不反对一个人在有了正当明确的目标时外出奋斗。

中国古老的传统习惯是，父母健在，子女不可远游。子女守候在爹娘的身边，早晚请安，问寒问暖，尽其孝道，使年迈的双亲在晚年能够含饴弄孙，其乐融融。古时通信交通很不发达，常年在外的人捎个信儿回家都很困难，一旦做了他乡的孤魂野鬼，痛断肝肠的是家乡的二老。所以，父母守住儿女，盼他们平安；儿女守住父母，盼他们健康。

让这句名言流传开来的是中国第一旅行家兼地质学家徐霞客先生。他老人家这辈子没干别的，就喜欢天天旅游，到处玩，但由于老母还在世，所以不能远行。他的书《徐霞客游记》里说明了这点：父母在，不远游。

现在通信发达，地球只是一个小小的村落，远游也不"远"了。只是出门在外时，别忘了经常给家里的老人打个电话，报个平安，关心一下老人的生活起居。我们读经典，不是要拘泥于文字，而是要领悟其内涵。

由孩子们的喜讯想到的——闲说经典诵读

今天是个双喜临门的日子。

白天，梓潆妈妈告诉我，刚读小学一年级的梓潆在语文单元测验中得了100分。得100分的全班只有两个，很多小朋友都错在最后的短文分析上。梓潆妈妈认为正是数月的诵读，锻炼了她的语感和对文字的把握能力，更激发了她对语文学习的兴趣。

回家后，女儿告诉我，今天她们语文单元测验，最后的短文分析她答得非常好，获得了她读书5年来的最高荣誉——老师把她的答案作为范文，朗读并讲解。

不论是作为母亲还是老师，我都分享着她们的成功与快乐。

梓濛的过去我不清楚，但是作为母亲，我太了解我女儿了。在诵读经典之前，她是个让人操碎心的孩子，缺点不少。尤其是在学习上，懒惰、怕吃苦、怕困难、对自己没有信心。为此，我也不知陪她上了多少补习课、提高班。这5年来，我对她的期望值在一年年降低。如今，我只希望她能平平安安过一生，做一个最普通的人，甚至是一名普通的体力劳动者。

平安，这么简单的愿望实现起来也不容易。如今的社会充满着各种各样的诱惑与陷阱，谁能借她一双慧眼，看清这纷杂的世界？我知道答案——读书，读中华民族的经典。以圣贤为师，与经典为友，借助圣贤的智慧，趋吉避凶，平安一生。

让女儿读书是件很困难的事。5年前，我曾在家教过她，也只是勉强读完《大学》。对于像她这样天资平平，对学习又没有一丁点兴趣的孩子来说，一对一的家教根本没有效果。

我突然想起，孩子自小一直不好好吃饭。妈妈说，现在都是独生子女，好吃的全给她一个人了，所以她不把这些当回事；而我们小时候，有一点点好吃的，都是姐妹们抢着吃。抢着吃的东西香，即便是在那个物质缺乏的年代，我们也长得胖胖的、壮壮的。

也许读书与吃饭一样，也要抢着“读”？我决定试一试。

很多人都钦佩我办义学的勇气，坦率地说，办义学，我还是存有私心的。我就是想给女儿找个读书的伴，让她不再吃“独食”。

有3个孩子和女儿一起成了学堂的第一批学员：梓潆、秋月、寓宸。梓潆不必再说。秋月，现在上幼儿园大班，当初秋月妈妈和我说：老师，我家孩子不识字，《大学》对她来说是不是太难了？你教慢点。而现在呢，读到哪儿，字也识到哪儿（对幼儿，我们一直强调指读）。前不久参加才艺宝宝大赛，她临场一紧张，把准备了两周的故事给忘了。幸亏这丫头急中生智，凭借背诵《大学》顺利通过初赛，又凭吟唱《弟子规》闯过复赛，进入决赛。至于寓宸，是个一年级的小朋友。他读书时字正腔圆，得到大家的一致肯定。知子莫若父。寓宸爸爸说，初来读书时，他说话时音咬不准，有些大舌头。现在一方面在学校里学了拼音，另一方面坚持诵读经典，没想到他进步得这么快。

这4个孩子的进步是明显的，不过，作为经典诵读班的老师，我觉得这才只是一点附加值。诵读经典的好处不仅仅体现在这几个方面。

儿童在13岁以前，还没有受到过多污染，同时也缺乏判断力。此时，养其浩然正气是教育最重要的任务。孩子到3岁后就可以衔接“童蒙养正”的教育。养正，就是指培养其端正的心性及行为。

古圣先贤们高瞻远瞩，不约而同地选择了四书五经及老庄等经典为主要教材，并以历代公认的优美古诗文为辅助教材，来教导儿童反复熟读，进而鼓励其背诵。充分发挥其记忆力强的特长，背诵最有价值的经典，趁他心性纯净时，常常耳濡目染于圣贤光明正大的智慧之中，以潜移默化其气质。长期的诵读熏习，可以养成他阅读古文的能力。那么，中华文化的智慧必可陶冶他的性灵、开阔他的心胸、端正他的品行。

当一对一的家教变成学堂（班上同学年龄从5岁到12岁），当每周同一时间，大家一齐读书时，这种整齐而响亮的吟诵声对像我女儿这样的孩子来说非常有利，也非常重要。

集体诵读产生的共振效果在很短的时间内改变了她的气质，使她从软弱趋向坚强，从自我趋向利他。这有点像佛家所说的共修的力量，越多的人一起修行力量越大。这种齐读的力量足以改变孩子的气质，消除一些外因对孩子产生的负面影响。这样的读书才是有价值的读书，才能体现“腹有诗书气自华”的境界。

如今，女儿的学习效果已经初显：她似乎明白了见贤思齐，明白了唯德学唯才艺，明白了余力学文，明白了宽为限紧用功。而其他爸爸妈妈也不断地告诉我一些好消息，教学相长，我在分享着孩子们的喜悦的同时，也享受着诵读经典的快乐。

问：当今社会，很多领导，还有所谓的专家学者或者号称大师级的人物，今天这样讲，明天那样说，公开场合大义凛然，私下另做一套。这些人“误导群迷”，让人们怎么认知他呢？说他们什么好呢？

答：人之初，性本善。性相近，习相远。我们读经典，就是使人性善的一面显现出来。怎么做呢？“大学之道，在明明德，在亲民，在止于至善。”

有些人人前一套，背后一套，似乎可以欺世盗名。可是不要忘了，“法网恢恢，疏而不漏”。前不久，南京不是有个官员被百姓揪下马了吗？这大概就是《大学》中所说的“所谓诚其意者，毋自欺也。如恶恶臭，如好好色。此之谓自谦。故君子必慎其独也。小人闲居为不善，无所不至，见君子而后厌然，掩其不善而著其善。人之视己，如见其肺肝然，则何益矣？此谓诚于中，形于外。”

现在大家提出这样的问题，说明大家已经看清那些人的本来面目了。那么，他们还可以一直欺骗下去吗？

问：孔子、孟子包括荀子，他们的仁德和政治主张万世敬仰，为什么他们的主张在当时乃至后世无人敢用？

答：先贤的智慧为何不被广泛推广，我想这其中有社会的因素也有个人的原因。

就个人来说，我们选择“仁”、选择“中庸”，又能坚持多久？《中庸》有言，子曰：“人皆曰予知，驱而纳诸罟擭陷阱之中，而莫知之辟也。人皆曰予知，择乎中庸，而不能期月守也。”我们总是被各种各样的诱惑迷了心性，总是自以为是。所以当我们认识到这个问题的时候，就先从自己开始，努力保持天地所赋予我们的本性。

为什么要从自己开始？《大学》开篇已明示：欲平天下者先治其国，欲治其国者先齐家，欲齐家者先修其身，欲修其身者先诚其意，欲诚其意者先正其心，欲正其心者先致其知，致知在格物。

子曰：“天下国家可均也，爵禄可辞也，白刃可蹈也，中庸不可能也。”中庸之道，不是凭借智慧所能达到的，不是凭借情感所能达到的，也不是凭借不怕死的勇气所能达到的。中庸是发自本性的、至诚至善的、符合道义的、自然而然的，容不得丝毫的私心杂念。要达到中庸的境界，说起来很容易，因为中庸就在我们本性之中；做起来又非常难，因为不见性不能达到，见性而不能守住本性也不能达到。因为有容易达到的一面，所以，任何人都不应该放弃中庸之道；因为有不容易达到的一面，所以，只要不断地向中庸接近就好，不能强求所有的人和事都必须达到中庸的境界。孔子说“力行近乎仁”，所以我愿意与诸位共修，努力使自己一步步接近仁、接近中庸的境界。

至于社会因素，恕我学识浅薄，不敢妄谈。就我生活的环境来说，大家耳熟能详的“八荣八耻”不正对应着我们儒家的“八德”吗？

忠——以热爱祖国为荣，以危害祖国为耻
义——以服务人民为荣，以背离人民为耻
智——以崇尚科学为荣，以愚昧无知为耻
勤——以辛勤劳动为荣，以好逸恶劳为耻
仁——以团结互助为荣，以损人利己为耻
信——以诚实守信为荣，以见利忘义为耻
礼——以遵纪守法为荣，以违法乱纪为耻
俭——以艰苦奋斗为荣，以骄奢淫逸为耻

2006年9月6日，据中国外交部消息，访欧前夕，时任国务院总理温家宝在中南海接受了欧洲5家媒体的联合采访。访谈中，温家宝引用中外名家的诗词著作，妙语回答了记者关于他喜欢读什么书、思考什么的问题。访谈中，温家宝引用了以下诗词来形容自己是一个怎样的人。第一例是左宗棠23岁时在新房门口贴的一副对联：“身无半亩，心忧天下；读破万卷，神交古人。”第二例是屈原《离骚》中的诗句：“长太息以掩涕兮，哀民生之多艰。”第三例是郑板桥的《竹》：“衙斋卧听萧萧竹，疑是民间疾苦声。”第四例是宋朝张载的座右铭：“为天地立心，为生民立命，为往圣继绝学，为万世开太平。”第五例是艾青1938年写的诗句：“为什么我的眼里常含泪水？因为我对这土地爱得深沉。”第六例是德国哲学家康德在《实践理性批判》里的话，后来作为他的座右铭，死后刻在墓碑上：“有两种东西，我对它们的思考越是深沉和持久，它们在我心灵中唤起的惊奇和敬畏就会日新月异、不断增长，这就是我头上的星空和心中的道德定律。”

“为天地立心，为生民立命，为往圣继绝学，为万世开太平。”这 4 句话最能体现出儒者的襟怀，也最能彰显儒者的器识与宏愿，激荡着儒者灵明深处的社会责任感和历史使命感。

以上是我诵读经典后对这些问题的看法，还不成熟，请诸位指正。

2009年

（己丑年）

民俗活动篇

灯树千光照，明月逐人来

辞旧迎新，很快，我们迎来了己丑年的元宵佳节。因为2008年成功举办了中秋与冬至的两场民俗活动，因此，这次元宵节活动得到社区的大力支持。

民俗文化是传统文化的一部分，它根植于我们的生活，烙上了民族的印记，是我们情感、信仰、伦理、文化的集中反映。在传统文化被遗忘很久的今天，一次活动，至少可以唤起参加者的传统文化意识，拉近今人与古人的距离，完成一次心性纯净的孩子们对传统文化的呼唤。我们享受着民俗文化带来的喜悦，同时，也表演着、创造着本民族的节日文化！除了知止堂学员及家长外，活动还吸引了小区里的居民参加。

南通民间元宵有“放烧火”的风俗。“放烧火”是用芦苇或茅草，扎成碗口粗细的草把，沿田边挥舞，并疾走高呼利市话以祈祷五谷丰登、国泰民安、天下太平。发端于火和火神崇拜的“放烧火”“火把节”，是中华民族乃至世界各民族在孩提时代共有的信仰，只不过名称不同、形式各异而已。随着时代的发展、社会的进步，这种古老的习俗在有的民族、有的地区变异了、消亡了。

放烧火

作为汉民族集居、地处沿海发达地区的南通，能够在汉民族地区保留“火把节”孑遗，其蕴藏的文化内涵已不一般。

“烧火”舞起来，古老的民谣念起来：正月半放烧火，人家的菜铜钱大，我家的菜盘篮大；人家的菜才在栽，我家的菜上了街……社区老大爷面对电视台的摄像机，乐呵呵地说：“这让我想起小时候。”

听风听雨过清明

三月光阴槐火换，两分消息杏花知。华夏大地上，元日对联上的字迹已在春雨中模糊，我们迎来了清明节。“听风听雨过清明”。这个清明节，南通实验中学初一（17）班的师生们也来参加了。在听完清明节的来历之后，同学们最关心的是节日食俗——南通人在清明节要吃杨柳青烧饼（柳叶饼）。为了让同学们体验一把，社区里的奶奶们为我们忙开了：和面、烙饼。不一会儿，一张张带着柳叶清香的面饼就出炉了。

品尝完柳叶饼，同学们又去参加植树活动、编柳叶帽。一切都与春、与树有关。当晚的南通电视台便以《听风听雨过清明》为题，报道了今天的活动。

己丑年端午祭暨爱国主义古诗词吟诵会

端午，是中国古代伟大爱国诗人屈原投汨罗江殉国的日子。端午节的文化意味超出了民俗意味。首先，它让整个民族有机会进行一种具有文化深度的反省。当前，我们身处一个快速发展的社会中，丢失了许多东西，其中包括许多中华传统文化的精髓。比如屈原对国家、对民族的忠诚至死不渝，这种忠诚是古代士大夫的人格和风骨的展现。这种人格和风骨在现代经济大潮中，在传统文化空气越来越稀薄的中国，具有提升国民风范的作用。其次，当下我们需要屈原那种众人皆醉我独醒的精神。当他发现自己的政治理想在当时的环境下无法实现时，宁愿投江而死。为了理想勇于献身，在今天这个以利益为中心的社会里，有这种精神的人太少了。这无疑是一笔丰厚的文化遗产。再次，从民俗意义来说，端午节还是一个缅怀先烈、先祖的节日，它让我们有机会去缅怀先贤的丰功伟绩和精神境界。这不是作秀，而是时代的需要，任何一个有脊梁的民族，都应该对自己的民族英雄表现出应有的尊重。

为了纪念屈原，表达对爱国诗人的崇敬之情，激发民众对民族文化的认同、对民族的自我认同，我们与和平桥街道北濠东村，南通古琴研究会，实验小学二年级（8）、（9）、（10）班联合举办“己丑年端午祭暨爱国主义古诗词吟诵会”。活动地点设在风景优美的濠河畔，参加活动的孩子第一次超过一百人，成为学堂历史上第一次有较大影响的活动。南通电视台、南通日报社、江海晚报社的记者都来了，这次记者拍摄的活动图片也成了以后很多场合下使用的照片。

己丑年中秋祭月暨古诗词吟诵会

眨眼又是中秋，今年不再担心有人说我们是搞封建迷信了，中秋祭月如期在社区里举行。“上香、祭酒、诵祝……10 月 3 日晚，己丑年中秋夜，一场特别的中秋祭月活动在市区北濠东村社区举行。当晚，清风徐徐，繁星点点，明月当空，数盏孔明灯萦绕天际。伴着清雅的古琴声，这场祭祀活动显得格外古韵悠悠，意味深长。”这是《江海晚报》以《今晚的月，可还是唐时的那轮？》为题，报道了我们的活动。“居民们向月亮的方向安放好祭桌，摆放好祭品，点燃红烛。7 点 30 分，在社区居委会的组织下，社区经典诵读班的 8 名女童和 8 名成年女子在祭者席就位，她们身着传统汉服，在烛台前以香祭月，神色庄重。随后，执事递上祝文，主祭向月亮展开诵读（注：此处记者把流程写反，在引用时未改动）：‘……通城儿女，整冠理裳，竭诚顶礼，感念上苍，敬拜素娥，启佑家邦……佑我中华，万世其昌……’128 字祭文字字铿锵，全文包含对家乡、对祖国的深深祝福。”“在随后举行的古诗词吟诵会上，辛弃疾的《听月诗》、杜甫的《八月十五夜月》、李白的《古朗月行》……这一首首名家诵月名诗，在孩子们的吟诵下，更是别有一番风味。期间，还穿插《关山月》《秋风词》《月上梧桐》等古琴名曲演奏，意境悠远，清雅优美，令人沉醉。”

这一年，我们把民俗活动基本定型。也许有人会说，华夏民族大大小小有 50 多个节日呢，其他也各具特色，也蕴含传统文化啊！是的，我们选择这几个大节，不是为了图热闹，而是与我们的团队有关。作为一支民间公益组织，我们的老师都是利用业余时间来学堂做义工，平时有各自的工作。只有这些大节，我们才有时间来组织、操办，其他节日只有等到碰巧在周末了。

特色课程篇

少数民族风情课

说到我们这种学堂，有一个通俗的称呼——“国学班”。关于这个国学的定义，一直存在争论。广义的国学，顾名思义，就是中国之学、中华之学，特指关于中国的语言文化、文学、历史和风俗习惯的研究，囊括中华六艺五术。更有宽泛的解释，把百家之术，如儒、释、道、兵、法、墨等百家之说收于国学囊中，均为中国之“国学”。在国际上,近似的名词称谓是汉学（Sinology）或称中国学（China Studies），西方学者有意无意地把藏学、满学等排除在汉学之外，即使在国内，也有机构特别强调“汉民族”的主体意识。

可是我们的学生,并不仅仅是汉族,还有少数民族。“国学班”应该是欢迎各民族孩子前来学习的地方，我们也应该尊重并向其他孩子介绍中国大家庭中的其他民族。2009 年 3 月，我们请来了满族的老师，开讲满族风俗课。

“格格的帽子。”“电视里皇帝的衣服。”电视的影响力不能小看，虽然小孩子一时说不出这是哪个民族，但是“格格”二字却是满族才有的称呼。老师按照我们的要求，身着民族传统服装来上课，少不了让孩子们“评头论足”一番，尤其是她的旗头、旗鞋，更是孩子们关注的焦点。老师的课上得非常生动，满族的服饰、饮食、礼仪、禁忌一一说来。她刚说到“马蹄袖”，就听到下面“啪啪”两声拍袖子的声音。“喳——”有孩子模仿起电视台词。“对。不过这不是在拍袖子上的灰，是把卷着的马蹄袖放下来。”至于满族的食品，像水饺、萨其马，我们汉族的孩子已经非常熟悉，而满人的火锅更是让四川人发挥到极致，还有东北菜馆里的炖肉……妙趣横生的讲说，让孩子们笑得前仰后合。

正如老师所说的，不穿民族服装，走在街上，谁也不知道哪个是汉人哪个是满人，满人的食品深受汉人的喜欢，由满人的旗装演变而来的旗袍，在外国人眼中就是中国的象征。

今天的课，除了学堂的孩子及家长外，还有市少数民族联谊会的维吾尔族、壮族朋友旁听。

古琴课

2003 年，古琴被联合国教科文组织宣布列入“人类口头与非物质文化遗产代表作名录”。

古琴音乐主要受儒家中正和平、温柔敦厚、“德音之谓乐”和道家顺应自然、大音希声、清微淡远等思想的影响。儒家与道家是中国哲学的两大支柱。在中国众多的音乐形式中，古琴应当说是儒道两家在音乐中体现的集大成者。传统琴曲主要用五声音阶，即五正音，这可说是儒家中和雅正思想在音乐上的落实，而琴乐清虚淡静的风格和意境则主要为道家思想的反映。古琴艺术，不仅是一门专业的音乐艺术，它还积淀了中国数千年的历史政治、哲学美学、文学艺术，是中国传统文化的结晶，是中华民族文化

古琴课

和理想人格的象征。

4 月，我们邀请了国家级非物质文化遗产项目代表性传承人、梅庵派古琴艺术传人之一、年逾七旬的王永昌先生来为孩子们做古琴音乐欣赏入门讲座。“大师走进小教室。”活动后，有朋友还问我有什么关系，可以请动大师。我也有点晕乎，之前我并不熟识王先生，只是在网上认识了王先生的学生，和他提过这个想法。当然，我也没有太往心里去，人家是大师，忙，怎么会顾得上我们这边的小不点呢？没想到，王先生爽快地答应了。王先生不只是亲自来为孩子们上课，更带领他的学生参加我们的民俗活动，担任祭拜仪式上的乐官。他用行动告诉我们,什么是“大师”。“大师”不在年龄有多大，资历有多老，而在心有多大。王先生心里装的是弘扬古琴艺术，只要是为了推广古琴艺术，他不在乎场地有多简陋，听众有多外行。

汉服简介课

很多人都会说自己是“华夏儿女”，那么，何谓“华夏”呢？“中国有礼仪之大，故称夏；有服章之美，谓之华。”华夏是礼仪之邦，是衣冠上国。这个以服章著称的民族，今天还有多少人记得我们祖先留给我们的服饰——汉服呢？

11 月，学堂特意安排了一堂《华夏衣冠 认识汉服》的讲座。短短的 90 分钟里，我们从汉服消亡的历史讲到汉服常见的制式、特征,讲到 21 世纪汉服的重归。讲座在原创汉服歌曲《重回汉唐》的歌声中开始，大气磅礴的音乐，唤醒的是华夏儿女的自信与自豪。为了生动显示授课内容，我们还制作了幻灯片。我们想告诉孩子们，今天复兴汉服是一个伟大民族应有的尊严。我们说重回汉唐，不是回到那个时代，而是继承华夏文明的血脉，以汉服为载体，继承伟大的民族精神和祖先留给我们的宝贵文化遗产。重回汉唐不是历史的倒退，而是在全球化的背景下，保持我们自己的特色。汉服，是华夏民族的根源所系。它的内涵和历史，足以让它成为世界文化宝库中的一颗明珠。华夏子孙可以不穿它，却不能忘却它。那么就从今天，从这堂课开始，希望在座的每一个人都能记住华夏的含义，记住我们的祖先。

宣 传 篇

每次活动，社区都会为我们请来记者，学堂组织的活动也零星见诸报端。渐渐地，像我们这样一支“草根”义工队伍得到了社会越来越多的关注。2009 年 4 月 10 日《南通日报》B1 版的一篇专题报道再次提到我们。

“草根”义工：当一颗传播爱的种子

以经典诵读班为例。2008 年 8 月，为了帮助孩子接触、传承中华民族悠久而灿烂的传统文化，市民胡晖瑆发起成立了国文经典诵读班。之后，国学爱好者吴乃顾、胡丽琼、李晨玲等先后加入，成为诵读老师。市少儿书店给予这一新兴组织大力支持，不但提供场所，还免费提供了第一批国文读本。每逢周末，总会有 20 名左右的孩子走进诵读班，在老师的带领下诵读《三字经》《弟子规》《诗经》《论语》等经典，接受传统文化的浸染。经典诵读班还和阳光文体社一道，在中秋、元宵、清明等传统节日组织丰富多彩的传统文化活动，还原这些节日的民俗本味，让参与者体味传统节日浓厚的文化内涵。

“令我们心里最不舒服的，是经常会遭遇人们怀疑的眼光。”刚开始结对时，一些受助对象常常会怀疑义工们是不是在利用他们作秀，或是抱着其他的一些目的。直到经过较长一段时间的帮扶，他们才开始真正体会到义工纯粹的爱心，和义工亲如一家人。再如上国文经典诵读班，孩子们需要购买一些优秀的国学读本。为了给孩子们找到价格最低的书，老师们在网上四处求购。而一些家长会想，老师是不是在利用这个机会推销书籍？“时间是最好的检验器。只要我们的爱发自内心，时间久了，别人总会给予我们尊敬。”

5月，我们的一篇工作小结全文刊登在南通政府门户网站“新闻中心”下的“县市传真”栏里。这个意外，让我们高兴不已。高兴不是因为“出名”，而是因为政府对我们努力的认可与支持。

知止堂大力传播传统文化

本着以复兴传统文化、培植经典诵读之风气，传承中华千年文明为宗旨，为建立和谐社会尽一份心、一份力，让儿童奠定深厚的语文基础、稳定的人格修养，提升孩子的记忆力，把孩子培养成为有气质、有人文素养，符合我们民族传统道德观、价值观的君子。在崇川区和平桥街道北濠桥东村南园社区及社会各界的关心支持下，知止堂于2008年8月正式开课。

学堂主修儒家经典《大学》《中庸》《论语》《孟子》，兼修古诗文，3位国学老师均为有一定基础的志愿者，实行免费授课。

近百年来，传统文化受到极大的冷落，传统文化学习的氛围在南通并不浓厚。在这种情况下，学堂与社区联手，以平民的姿态，立足社区，扎根百姓生活，除开展经典诵读外，还举办了多场民俗活动，吸引了小区的居民来参加，在娱乐中感受传统文化的魅力，唤醒大家对传统文化的重视。

自开课以来，我们主要从修身立命、民俗文化、民族团结这三个方面来开展教学活动。

一、修身立命——以经典为载体

我们首先选择儒家的“四书”为经典读本。两千多年来，一代又一代中国知识分子坚守儒家“穷则独善其身，达则兼善天下”（《孟子·尽心下》）的思想。“四书”实质上已不仅是一系列学说性质的进修步骤，而且是具有浓厚实践色彩的人生追求阶梯了。

我们充分发挥孩子记忆力强的特长，背诵最有价值的经典，趁他心性纯净时，常常耳濡目染于圣贤光明正大的智慧之中，以潜移默化其气质。长期的诵读熏习，可以养成他阅读古文的能力，让中华文化的智慧陶冶他的性灵、开阔他的心胸、端正他的品行。

通过诵读经典，孩子们渐渐明白孝悌之道，在生活中开始得到更变，克服了独生子女任性、自私的缺点，懂得关心、尊重别人。

二、民俗文化——以传统为源泉

传统节日不是一个简单的吃吃喝喝、游戏玩耍的娱乐日，而是一个完整的文化生态，是一个时间意义上特定的文化空间活动。它涉及信仰、伦理、情感、文化方式等人性的方方面面，由大众的广泛参与来完成，是一种仪式，强调的是一个过程。

我们以传统节日为契机，举办了中秋、冬至、元宵等多场民俗活动，按照传统的仪式，遵照传统的习俗。在过洋节成风的今天，让孩子们感受到浓浓的民族情结，同时更激发了大人对传统文化的追忆，而这追忆反过来又会影响到孩子，从而完成文化的传承这一任务。

三、民族团结——以情感为纽带

何谓“国学”，顾名思义，中国之学，中华之学。在国际上，近似的名词称谓是汉学（Sinology）或称中国学（China Studies），西方学者有意无意地把藏学、满学等排除在汉学之外，已足以让人警惕。

教育部办公厅、国家民族事务委员会办公厅已于2008年11月26日联合下发《学校民族团结教育指导纲要（试行）》的通知，要求把民族团结教育贯穿于学校教育工作的各个环节，牢固树立“增强民族团结、维护祖国统一、反对民族分裂”的意识。增进各族学生对中华民族的认同和对历史、文化的了解，促进56个民族优秀文化传统的相互交流、继承和发扬；促进各民族的共同进步和祖国繁荣昌盛。

为此，我们筹办了华夏少数民族传统文化系列讲座，邀请南通的少数民族老师来讲解各民族的风土人情。现已成功举办了满族专题，以后还将继续推出维吾尔族、壮族等专题。

作为一个民间公益学堂，我们的发展得到了社区的大力支持。我们也依托社区这个强有力的平台，丰富了孩子们的业余生活，为社区的文化建设出力。通过半年多的运行，学员不单有本小区的，还有郭里园、虹桥、新桥、易家桥等多个小区的孩子，已发展成一个面向市区的学堂。

学堂的发展，得益于国家对传统文化越来越重视，得益于社区及社会各界的支持。我们将乘着这股东风，扎扎实实开好每堂课，认认真真办好每个活动，努力办成一个受孩子欢迎、家长赞同、社会认可的学堂。

5月底，南通电视台《新闻大不同》栏目对我们进行了专题采访，并在6月4日、5日两天的节目中播出了新闻故事《通城有个国学班》。很多市民也是通过这则报道而了解、信任了我们。

时隔半年后，南通电视台的记者再一次来到知止堂，聚焦我们的上课环节，采访我们的孩子与家长。

非常感谢南通媒体记者们一年来的大力支持，正是他们多角度的宣传报道，才让越来越多的南通人知道知止堂。于是，也形成这样一个有趣的现象：每次电视（报纸、电台）报道之后，就会在一段时间里形成一个入学的小高峰。当然了，每一次的宣传，也满足了孩子们渴望成功的小小愿望，激发了他们学习传统文化的兴趣，也使家长们更加坚定让孩子学习传统文化的信心。朋友笑我们快成“明星”了，我理解明星就是明日之星：“我们今天是桃李芬芳，明天是社会的栋梁。”复兴中华传统文化，重塑中国人的自信，还需一代代人的努力，孩子是我们民族的希望。

我们是幸运的，学堂诞生在举国上下重新重视传统文化的时机，诞生在南通市政府大力宣传精神文明新风的时机。“传统文化”与“义工”这两个关键词，使越来越多的人关注我们、支持我们、加入我们，我们占尽了天时、地利与人和。也曾经历过挫折，那时我们用“未有好义，其事不终者也”来鼓励自己。今天，我们依然要用这句话来提醒自己，不要在鲜花与掌声中迷失方向。知止堂义学的教学理念是：从经典中学习自强的力量、相容的气度、灵变的智慧；诵读经典诗文，提高人文素养，以经典为载体，对孩子加强中华传统美德的教育，树立中国人的价值观、道德观。我们将坚持下去！

文艺演出篇

吟唱《弟子规》是从 2008 年年底开始的，没想到让和平桥街道的领导记住了。我们又受邀参加了“南通市和平桥街道纪念建党 88 周年活动”，舞台越来越大。

这次的《弟子规》表演，不仅有小朋友还有家长一起参加。因为教一个孩子，带动一个家长，在一个家庭中形成经典诵读的氛围是我们的心愿。不过，这次表演我们显得非常寒酸：没有统一的服装，家长牵着孩子，大手牵着小手，就这样走上舞台。寒酸也是一种特色！

《弟子规》越唱越响亮，我们又接到邀请：8 月 15 日参加南通市民族宗教事务局主办的“南通市少数民族庆祝建国 60 周年民族团结和谐颂”的演出，演出地点是濠滨夏夜舞台。这是南通群众性文艺演出最高级别的舞台，大家心里的激动就别提了。但是对于上台的水平，我心里是不安的。因为学堂的孩子 80% 没有声乐基础及舞蹈基础，年龄从 5 岁到 12 岁，要在短短一个多月的时间里让他们能站在舞台上表演可不是一件容易的事。为了让一个很小的动作看起来整齐，我们足足练了 30 分钟。而这个动作不过是踩着音乐的节奏，左脚向左迈开一小步而已。

不安的岂止是我，还有民族宗教事务局的领导。为了提高节目水准，他们为我们请来了专业老师做指导。没想到这件事引发了一段小插曲：因为这个节目不再只是我们表演，还引入了外援，有家长觉得孩子们一下子从主角变成了配角。察觉到大家的变化，我给家长们留下了这样一封公开信。

以主角的态度演好配角

我一直认为，社区及民族宗教事务局的领导把知止堂的节目报上“濠滨夏夜”的演出，不是因为我们的舞台表演水平有多么专业，而是因为对民间公益学堂的重视与支持。

作为大型群众性文艺演出的“濠滨夏夜”的舞台，他们对演出的水平有一定的要求。节目从报上去到最后确定上场，还要经过专家的评审。这对我们来说是个非常大的问题，学堂的孩子80%没有经过声乐与舞蹈的训练，虽然有几个小孩子在外面的舞蹈班培训过，但是也缺乏大型舞台的表演经验。通过两场训练可以看出，他们没有舞台的感觉，因此要想让节目最终通过专家评审也是很困难的。

不过，现在的情形发生了变化。

昨晚，我们请来了市少儿艺术团的陆导来指导。看了我们刚排练的一分钟节目，他没有说什么，只是告诉我们：这20来个孩子站在一个24米×12米的舞台上，会显得非常小；而且以他多年组织大型活动的经验来看，当所有的灯光都打开，面对下面黑压压的人影，孩子们怯场忘词的情况难以避免。

陆导说，从A点跑到B点这么简单的动作，孩子们会需要排练几十遍。于是，我们顺着话问他，那您看能不能借你们的孩子来表演呢？陆导考虑了下，说：“也行。这样，你们的孩子就负责吟唱，加些简单的手上动作，不用他们走台了，他们一走队形就全乱了。”

很高兴陆导在关键时刻拉了我们一把，有他们给我们“减负”，我们现在只要集中精力练好吟唱及一些简单的手上动作即可。

动作简单，可是做起来并不简单。走路很简单，齐步走很简单，正步走也很简单，可是阅兵式上那整齐划一的步伐简单吗?

不要失望我们从主角降到配角，实在话，如果不是他们出手，只怕这群孩子连当配角的机会也没有。

站在同一个舞台上，每个人都是主角。

还记得林妙可在奥运开幕式上的“假唱”吧。很多人为幕后的杨沛宜打抱不平，可是当有人问小沛宜“没能在台上演唱是不是很遗憾”时，小姑娘说没有啊，因为那天大家听到的就是她的声音，她的声音留在奥运会的开幕式上了。(顺便说一句，这样的“合作”不是老谋子首创，在国际大型表演上都有先例，NBC和BOB这些大转播公司都表示没问题。用他们的行话说，这只是一个情境的表现)。那个晚上，两个小姑娘，一个用甜美的外形，一个用清脆的歌喉，给全球观众留下了深刻的印象。孩子的世界是纯净的，他们没有名利的思想，更不会受名利的诱惑而失去本性。设想一下，如果小沛宜因为自己没有机会站在舞台上，失去以后“成名”“谋利”的机会而拒绝演唱，那又会是什么样的夜晚?

孩子的世界是纯净的，老师们越来越喜欢和他们在一起。虽然他们有时不听话，要老师沉下脸来“凶”一下，但是他们简单、无忧无虑，和他们在一起的时光，是我们成年人放松心情、回归自然的休养期。请每位成年人都来爱护好这片纯净，不要让他们过早地被名利思想所侵蚀。

以主角的态度演好配角，这是一种态度，也是一种境界，更是这群孩子这个夏天最大的收获。在人生的舞台上，谁能一直是主角?就算是别人忽视了我们，但是只要自己不忽视自己，认真把握每一个机会，我想等到暮年再回首这一生时，应该是了无遗憾吧。

以主角的态度演好配角，教给孩子的是如何面对得失与避免名利的诱惑。如果能做到这点，我相信将来他们在社会上，不管身处什么地位，一定不会“近之则不逊，远之则怨”，也不必担心“难养”了。

看到这封公开信，家长们都理解了，接下来的排练让人感动。记得有天晚上下起了瓢泼大雨，这可是孩子们赶来排练的时间。幸好，大部分孩子都提前赶到了教室。那天，没有一个孩子缺席。那天，大人与孩子们都淋成了落汤鸡，这对娇生惯养的孩子们来说，可是一次不小的考验。一分耕耘一分收获。7 月 26 日晚，在朝晖花园内的音乐艺术幼儿园内，由知止堂的小朋友和少儿艺术团的小演员们联合排演的表演唱《弟子规》通过了市、区民族宗教事务局领导的审核。

8 月 15 日晚，在濠滨夏夜的舞台上，知止堂的孩子们和市少儿艺术团的小演员们联合表演了表演唱《弟子规》。节目除了常见的少儿团体舞蹈表演外，还融入了吟诵、传统文化、汉服等元素。节目刚结束，我就接到市民巡访团领导打来的祝贺电话。

趁着全国大力提倡经典诵读的东风，学堂的孩子们也体验了一把“明星”赶场的滋味。15 日的节目还没演出呢，和平桥街道的领导又找来了。街道要举办“迎国庆讲文明树新风”的联欢，我们是街道文化建设中的一个亮点，所以《弟子规》也不能少。16 日晚，我们的节目又登上了和平桥街道东村社区的舞台。孩子们说有前一天大型舞台的经验，第二场一点也不紧张，就连化妆都变得有经验了。演出前，还有男生找到老师，觉得自己的胭脂淡了些，要求补妆。

学堂自创办一年来，一直比较受“重视”——赞同支持的有，疑问怀疑的也有。这次孩子们用这样的方式把经典诵读展示出来，我想经典的魅力也显而易见了。

这群孩子之前并没有大型舞台表演的经历，大部分人也没有经过音乐舞蹈的专业训练，是经典给了他们这样一个平台，给了他们这样的自信。不论是刚上幼儿园中班还是读小学五年级，他们用同样优雅的节奏，让观众们聆听到了中华传统文化的声音。

一些没有接触过经典诵读的家长总是担心孩子读了这些书会不会变得不合时宜，变得迂腐，变得逃避。媒体上常有关于“读经”的报道，有一些报道让人看后觉得有些太“那个”了。我想，看过我们演出的家长们，会觉得我们的孩子“那个”吗？

媒体在把经典诵读介绍给读者时，不由自主地加上了记者的个人观点，难免会在读者中造成一些误读。有些记者关注的不是经典诵读本身的意义与作用，而是关注老师的个人行为，比如喜欢描写老师的服饰、行为举止；有些记者为了突出经典诵读教育的与众不同，喜欢用现行的教育体制来反衬，似乎只有对现行教育体制的“不满意”才能显示出经典诵读的优秀；还有些记者喜欢强调“远离现代工业文明”的隐居，似乎只有这样才能显示出经典的原汁原味。

关注的角度不同，会对读经产生很多种解读。但是我们认为，传统文化没有过时，不论是“八荣八耻”还是“和谐社会”，都是中华传统思想在新时期的诠释。君子自强不息，上不怨天下不尤人，经典不会培养懦夫、逃兵。从经典中汲取自强的力量、兼容的气度、灵变的智慧，使自己具有优雅的情怀和出色的文采，这就是读经诵典的目的。

有朋友关心来学堂学习能不能快速开启孩子的智慧，我的回答是否定的。不论学什么都需要一步一个脚印，踏踏实实。仅凭一周 90 分钟的诵读，我可没法许诺孩子的智商会提高到 130（天生智商达 130 以上的除外）。

有朋友问我孩子什么时候开始读经典比较合适，我的回答是“当下”。有朋友说孩子现在比较忙，报了很多兴趣班，怕是没空来。我说多才多艺的孩子确实不错，可是别忘了“德者，本也”，“德”才是排第一位的事情。比如秦桧、蔡京的字写得很好，可是没有一本书法教材上称他们是“书法家”。还有汪精卫，他的诗也写得很好，可后人称他是“汉奸”。只有在“德”的支撑下，才艺才会显得夺目，只有先养正而后才可育才。

学堂有位家境不错的孩子，他妈妈给孩子设计的发展路线是先在国内读书，将来出国深造。正因为“将来要出国”，所以她送孩子来读经典，目的是让孩子“通过中华文化的洗礼，永远记住自己是中国人，自己的根在中国。”“一个把本都忘了的人，不论在什么地方，都不会赢得别人的尊敬。”不得不说这位妈妈很聪明。

由演出又絮絮叨叨地扯到别的话题，其实我最想说的就是希望不论是大城市还是小村镇，诵读班越办越多，来读书的孩子越来越多。

2009 年，我们凭着《弟子规》，越走越远。9 月 6 日，我们学堂的 20 多个小朋友参加了南通电台在北濠东村社区举办的“文明南通在行动”系列户外直播——《新闻今日谈》开播一周年特别节目。他们在节目中表演了《弟子规》吟唱及对对子游戏，可以说我们的孩子第一次通过电波展示了经典的魅力。经过暑假的训练，不说这《弟子规》张口就来，孩子们的纪律性及表演的意识也得到了提高。列队、走台，一次就过关。快轮到我们表演了，孩子们早早地就在后台列好队，耐心等待着。现场工作人员一个手势，孩子们便井然有序地出场列队，而且非常安静，真是值得表扬。

11 月 7 日，是和平桥街道第五届“睦邻节”开幕暨“零距离服务工程”启动的日子。知止堂的师生们一起登上了这个以“邻里友善、守望相助、同创和谐”为主题的舞台。从 2008 年 12 月开始,《弟子规》从社区唱到街道，从小舞台唱到濠滨夏夜的大舞台，再唱到电台。虽然这中间换了不少面孔，但是这朗朗的读书声、清脆的童音一直没有中断。

交 流 篇

因为社区这一平台的支持，我们很快与辖区内的学生有了联系。8 月 21 日晚，应实验小学的邀请，我参加了学校组织的“手拉手、读经典、树新风”主题活动，和 40 多名二年级学生及家长一起分享了《弟子规》“出则弟”篇。

通过多媒体演示、互动小游戏，活动的气氛变得很轻松。家长跟着孩子们一起饶有兴趣地朗诵，结合日常的行为，评说孩子们已养成的文明习惯，一起交流学习体会。活动上，还有一位爸爸希望学校能把传统文化教育纳入“主课”范畴，让孩子们从经典中学会做人的道理。

其实实验小学从 2008 年开始，已经在部分班级里开展诵读《弟子规》的试点。这次活动，更是把学校、家庭和社会联系起来，进一步巩固学习的成果。很多家长都意识到，《弟子规》不光是用来读的，更要落实到行动上。中国传统教育的目的就是在学习和实践的结合下，学中树德，学以致用。这些经典读本，语言经过了千百年的锤炼，堪称精品，是学习、审美、陶冶德性的完美结合。课本不只是学字、写作的教材，更是德育的教材。传统德育以儒家育人重德为教育理念，体现的是传统文化准则。忠信孝悌、礼义廉耻的做人标准及仁爱、和谐、诚信、中庸的价值观是传统德育中的核心内容，是我们民族的传统美德。而这与侧重知识传授体系的西式教育是不同的。学校开展传统文化教育，无疑是对现行教学模式的一种完善。以学校为平台，全力推广经典教育，那么将会有更多的孩子、更多的家庭受益。

我们不仅与学校开展交流，也走进电台直播间，与听众朋友们进行交流。9 月 10 日，教师节。知止堂义学的师生代表作客南通电台 97.0 新闻资讯频率晚 8:00~9:00 的“濠河听吧”直播栏目，和听众们一起畅聊经典诵读的话题。在节目中，学堂的 3 位小朋友还现场表演了朗诵。以下文字根据节目录音整理而成。

主持人：今天是 2009 年 9 月 10 日。金秋的九月，硕果累累，校园里到处都是学子的笑颜，空气中飘荡着丰收的喜悦。9 月的天空分外的清澈高远，金色的阳光下，有一群默默无闻的身影，他们是这个季节中最美丽的身影，他们就是朴实、勤劳的人民教师。他们用爱心和知识培育了一代又一代的学子。时光荏苒，岁月变迁，老师们也在日复一日的讲台前日渐苍老。借助这一期节目，我们祝福亲爱的老师，不管经过多少年，不管我们走过多远，您永远都是我们最敬爱的人。

今天，9 月 10 日，这样一个特殊的日子，我们非常高兴地迎来了第 25 个教师节。

今天我们的直播间里可以说是高朋满座，因为我们请来了一个特殊的群体，他们利用自己的休息时间，在课余时间，默默地奉献着。他们就是南通义工联合会、知止堂义学的义工老师们，还有我们的学生朋友们。接下来的一个小时里，大家将和他们一起关注国学诵读的话题。

在节目的开始，我们依然要介绍一下今天的几位嘉宾。一位是南通义工联合会、知止堂义学的义工老师——胡晖瑩老师。欢迎你。

胡晖瑾："濠河听吧"的朋友们，你们好。

主持人：也要欢迎来自知止堂义学的李晨玲老师，欢迎你。

李晨玲："濠河听吧"的朋友们，大家好。

主持人：欢迎你们。此外还有3个活泼可爱的孩子。一位是来自郭里园小学的姜寓宸小朋友。

姜寓宸：大家晚上好，我叫姜寓宸，今年8岁。

主持人：这位小美女是来自虹桥二小二（3）班的顾梓潆小朋友。

顾梓潆：大家晚上好，我叫顾梓潆，今年8岁。

主持人：还有一位是二附幼儿园可可班的张明浩小朋友。

张明浩：大家晚上好，我叫张明浩。

主持人：当然，我们还要欢迎我们的家长代表。

说到我们国学班，我相信，如果你收听了我们上星期的"文明南通进社区"节目，一定会对一群孩子的声音记忆犹新。他们精彩的表演，给我们留下了深刻的印象。我想在节目的开始，请我们的姜寓宸小朋友和顾梓潆小朋友带给我们一段精彩的朗诵，他们朗诵的篇目是《大学》。

（朗诵《大学》内容略）

请胡老师给我们介绍一下他们所朗诵的篇目。

胡晖瑾：他们朗诵的是《大学》的片断。我们常说的"四书五经"，这"四书"就包括《大学》《中庸》《论语》《孟子》。

主持人：我觉得这么小的孩子要把这么一大段流利地背下来，对他们来说，的确是一件不容易的事情。这可能就要深入我们国学班来了解。这是不是一个兴起的教学模式呢？

胡晖瑾：我们现在说经典诵读，简称读经，就是读经典。在今年，教育部把它列入工作要点。南通的学校都开展了工作。如果要细说，就是从1995年3月由赵朴初、叶至善、冰心、曹禺、启功、夏衍等9位德高望重的老人在第八届全国政协会议上提交

《建立幼年古典学校的紧急呼吁》以来，经典诵读的广泛复兴就正式开始了。

主持人：我们也是通过“文明南通在行动”这样的活动，发掘了我们国学班。你们在北濠桥东村南园社区里办起了一个免费的国文经典诵读班。现在我们都在提倡不进行有偿家教，但还是有很多家长为了让孩子多学一点，就是多掏一些钱也愿意。但是你们作为一个特殊的群体——义工群体，是出于什么心愿办起这个免费班呢?

胡晖瑄：我们觉得首先老师要有一颗平淡从容的心。金钱会让人变得浮躁，我们老师也是普通人，为了守住这份平淡从容，我们选择了义学。

其次，我们认为经典的价值是无法用金钱来衡量的。传承中华文化是我们的义务。宋代大儒张横渠（张载）的名言“为天地立心，为生民立命，为往圣继绝学，为万世开太平”，那种以天下为己任的豪迈之气，至今读来仍觉血脉贲张。温总理 2006 年 9 月访问英国时，曾用这 4 句回答记者的提问。

为往圣继绝学，是我们的理想。

主持人：我们记住这 4 句：“为天地立心，为生民立命，为往圣继绝学，为万世开太平。”

听了这 4 句，我想很多朋友都会有这样的共鸣，就像我们在片花中听到的“师者，传道授业解惑也”。以什么样的一种心态，以什么样的一种价值观来衡量，这是很重要的。

刚才我们也问了胡老师，开办这个班、这个义学的初衷。再告诉大家，在北濠桥东村南园社区，是免费的经典诵读班，而且开班已经有一年了。现在班上有多少学生?

胡晖瑄：30 多人。

主持人：多大岁数的孩子?

胡晖瑩：我们收3~13岁的孩子。

主持人：刚才孩子在读国文经典的时候，我也在认真地听。说实话，我觉得这对一个成年人来说也是有些难度的，对孩子来说，去背诵这些东西，是不是比较痛苦的一件事?

胡晖瑩：其实孩子一点也不痛苦。因为我们这个经典诵读与其他的学科不一样。其他的要求孩子们理解，而我们强调的是“书读百遍，其义自现”。经典是要用生活、知识去积累沉淀。在他们启蒙的阶段，我们要求他们的就是背诵，是在很轻松的状态下，不要有任何压力，去读、去背。

主持人：我的理解，通俗地说，就是孩子在启蒙阶段，必须有这么一个过程，或许会有一些痛苦。但是我刚才听孩子们朗读，尤其是星期天“文明南通进社区”在北濠桥东村南园社区时，当时有两排孩子。

胡晖瑩：有22人。

主持人：读到后面的高潮部分，当时还有音乐烘托，我真的深受感染。我们听众反馈来的信息，也是认为这不单单是传授国学知识，同时也是一种享受。

今年年初，教育部把“经典诵读进校园”写进工作纲要，南通很多学校都开展了经典诵读。那能给我们介绍一下经典诵读的起缘与发展吗?

胡晖瑩：起缘就是刚才提到的“九老呼吁”。

10多年来，包括北京、上海、天津、台湾、香港等百十个城市及地区千余万儿童参与了经典诵读活动。

此外，中国人民大学、北京大学、清华大学、南京大学、复旦大学等海内外高等学府和研究机构也积极参加了儿童经典诵读活动的推广。

主持人：我觉得这些孩子都非常的活泼可爱，但是经典诵读可以让这些孩子平静下来。

胡晖瑎：是的。刚才我们也看到了，不让他们读书时，他们是非常淘气的。

主持人：经典诵读对孩子们的智力开发有什么样的帮助呢？

胡晖瑎：《黄帝内经》上讲“心开窍于舌”。诵读经典可以激活脑细胞，开启孩子的智慧。

西方医学研究也指出，儿童诵读古代经典诗词作品时，大多不求甚解，只是背。从表面上看，这只是左脑的训练而已。然而，由于儿童在诵读过程中，完全松弛，致使脑波从贝塔波转换到阿尔法波，也就是说诵读经典的小孩在疏解身心压力的同时，在阿尔法波的作用下，脑与潜意识的互动加强了自身的记忆力、判断力、注意力、灵感的创造力。儿童诵读经典时眼睛看文字与诵读的律动刺激和启动了右脑，而辨别字形以便记忆则是左脑的工作。整个诵读过程恰恰同时动用了左右脑功能，使左右脑动作得以同步。

主持人：我觉得左右脑同时运用是非常有益的。有兴趣的家长不妨让孩子去学学。

在网上，我看到孩子们的各种活动，他们参加了各种表演。这是上月，也就是 8 月 15 日在“濠滨夏夜”上的演出。很多听友看不到，我们可以公布一下这个网址，有兴趣的朋友可以去看一看。

胡晖瑎：http://ntguoxue.blog.sohu.com，搜狐博客。

主持人：“濠滨夏夜”是哪场表演？

胡晖瑎：是民族宗教事务局主办的，庆新中国成立 60 周年民族和谐文艺演出。

主持人：他们的节目是什么？

胡晖瑎：表演唱《弟子规》。

主持人：孩子在学习当中，包括在表演当中，或许老师会觉得有成就感，但是我感觉到一种美感，看到一种希望在其中。刚才有两位小朋友给我们表演了《大学》，一会儿，张明浩小朋友要给我们朗诵《中庸》。

（朗诵《中庸》内容略）

哎呀，太可爱了！听众看不到他的表情，我觉得就像以前在学堂里老夫子摇头晃脑，之乎者也。虽然孩子的语速有点快，我们都没听太清楚，但是我们感觉到了，孩子的记忆力确实比较好。我想问胡老师的是，他理解了吗？

胡晖瑆：其实对这个问题，我们可以换种问法。我们大人，哪个敢自信地说我把这些经典都读懂了呢。我们都没读懂，又何必要求孩子来读懂。我们觉得“书读百遍，其义自现”。孩子这个时期就是记忆力的黄金时期。

主持人：对对对。我们都说孩子是背诵的天才。我也看到亲戚家的孩子，他们的记忆力非常好，对电视里放的广告，他们记得非常清楚。像刚才的张明浩，他也很厉害。胡老师，你看经典诵读除了锻炼孩子的记忆力外，还有一些其他的益处吗？

胡晖瑆：我觉得最最关键的是儿童在3~13岁时，还没有受到过多污染，同时也缺乏判断力，中国传统教育认为此时该衔接“童蒙养正”的教育。

主持人：怎么解释？

胡晖瑆：童，儿童的童。蒙，启蒙的蒙。养正，就是指培养其端正的心性及行为。

古圣先贤们高瞻远瞩，不约而同地选择了四书五经及老庄等经典为主要教材，并以历代公认的优美古诗文为辅佐教材，来教导儿童反复熟读，进而鼓励其背诵。充分发挥其记忆力强的特长，背诵最有价值的经典，趁他心性纯净时，常常耳濡目染于圣贤光明正大的智慧之中，以潜移默化其气质。长期的诵读熏习，可以养成他阅读古文的能力，那么，中华文化的智慧必可陶冶他的性灵，开阔他的心胸，端正他的品行。

主持人：对，中华文化的智慧必可陶冶他的性灵，开阔他的心胸，端正他的品行。这个对孩子最初阶段的培养是非常有益的。

刚才我们说有家长代表参加，现在我们就问问家长。这位是姜寓宸的爸爸，我怎么称呼您？

姜　建：我叫姜建。

主持人：姜先生，怎么会想到送孩子上国学班？当时是通过什么样的途径了解到的？

姜　建：我也是通过一个偶然的机会了解到，这儿有个国学班，得到消息后就决定把小孩送来。那时小孩还没上学呢。

为什么要把孩子送到那里去呢？因为我们做父母的都希望自己的孩子能够成材，都在望子成龙、望女成凤。作为家长都有这样的心理。但是作为家长，如何把孩子培养成优秀的人才，对社会，对自己都有用？我们基于这样的考虑。第一，一个优秀的人才至少要热爱自己的祖国。我们纵观古今中外，一般优秀的人才，都有一颗爱国之心。如果一个人对自己的祖国不了解，对自己的文化不了解，那么他怎么热爱祖国？第二，一个有用之人，要懂得做人的道理。中国传统文化，强调“仁、义、礼、智、信”，正符合了在社会上做人的基本要求。基于这两点考虑，所以把孩子送到那里去了。

主持人：你觉得参加这个国学班后，孩子最大的变化是什么？

姜　建：我家是男孩，比较调皮好动。但是通过学习，他在为人处世方面，是比较懂礼貌的。还有呢，对学习也有一定的促进作用。通过经典诵读，对传统文化的学习、熏陶，他的学习能力、记忆力会增强一点。

主持人：他大概是从几岁开始学的？

姜　建： 7岁，还没上学呢，也就学了一年。

主持人： 他第一个背诵给您听的是什么？

姜　建：《弟子规》。

主持人： 您记得吗？

姜　建： 我记得。

主持人： 说两句我们听听。

姜　建： 弟子规，圣人训，首孝悌，次谨信，泛爱众，而亲仁，有余力，则学文。

主持人： 在送孩子来学习之前，您接触过吗？

姜　建： 我对这个也有一定的爱好。

主持人： 自己有一定的喜好，您送孩子来，帮助他背诵，自己也去研究、琢磨，其实这之间也有一个传递、传承的过程。应该多培养孩子对这方面的喜爱，就像姜先生刚才说的，在孩子小的时候就要有一颗爱国之心。

谢谢姜先生。

李老师，让你久等了。李老师非常年轻，能告诉我们到国学班多久了吗？

李晨玲： 开班就来了，也是一年。

主持人： 也有一年。之前和胡老师有过接洽吗？

李晨玲： 之前我们并不认识。我们是在义工联合会认识的。当时胡老师有了这个想法，我也很赞同这个想法，然后我们就凑到一起了。

主持人： 说到这个班，我想也一定有困难在里面。当然，享受成绩也是一个方面，孩子的成长对你们来说是最大的安慰吧。能告诉我们有哪些困难吗？

李晨玲： 最开始，因为我们是义学，人家对我们很怀疑。真的会免费吗？会不会有什么目的？会不会是在推销一些书？会不会开始试听免费，后面要收费？等等各种各样的疑虑。经过一年时间，我们证明了，我们办义学是出于对经典的热爱。

主持人：我特别感动的是3个孩子在来时把花送给老师，虽然只有两束小小的康乃馨，但是孩子们通过学习，已学会了爱，也在把爱传递。我也相信他们会把这份爱心继续传递给他们的同学们。

我们刚才说到经典诵读，语言都是经过千锤百炼的，堪称经典，所以对孩子来说，这也是非常好的教材。

李晨玲：是的。这些语言是精品，孩子在学习过程中，这些教材是学习、审美、陶冶德性的完美结合。这些不光是教他们识字、写作的教材，也是德育教材。

主持人：我特别想问问李老师，通过经典诵读的训练，可以制造出一个“天才”吗？

李晨玲：绝对不可能。其实这也是我们面临的一个问题。家长们把经典诵读完全神化、功利化，希望通过短期学习，让孩子脱胎换骨。

主持人：那你觉得家长应该怀着什么样的心态送孩子学习呢？

李晨玲：就是平淡的心吧，不要想得太多，就是让他去读，潜移默化，去熏陶。学习本身就是一个积累的过程，要一步一步，脚踏实地地学习。

主持人：学习就是积累。在学习过程中千万不能三天打鱼，两天晒网。

李晨玲：我们的小朋友其实不一定这样，但是每次上课都要家长接送，家长有空就送，没空就不送，这是非常不好的。

主持人：其实学习是个非常连贯的过程，更是一个循序渐进的过程，需要慢慢积累。孩子在慢慢地积累中，先是喜欢它，然后才会慢慢有些成果出来。所以家长们千万不要心急，对孩子要充满信心。

我还有一个问题，这几个是一开班就来的，读了一年，以前读的东西还记不记得？

胡晖瑩：记得。

主持人：在节目刚开始时，我们介绍孩子读的，也就是上周在节目中表演的《弟子规》，我还想在我们的节目中听到3位孩子的诵读，虽然阵势没有那么大，但还是希望在我们的直播间，带给大家一段精彩。

（吟唱《弟子规》内容略）

真是精彩，还带着吟唱部分，虽然吟唱得还不那么专业。

胡晖瑩：不是特别专业，音乐感不强。

主持人：但是我仍然感觉他们背得非常整齐，这些孩子都能背书了。

胡晖瑩：通过一年的锻炼，我觉得他们的记忆力得到了提高。

主持人：锻炼记忆力还是次要的。从传统文化中学习自强的力量、兼容的气度、灵变的智慧，使之具有优雅的情怀和出色的文才，这就是我们要传递的教学理念。

胡晖瑩：是的。复兴传统文化，诵读经典诗文，提高人文素养，以经典诗文为载体，加强对孩子的中华传统美德教育，树立中国人的价值观、道德观，培养中国人的气质。

主持人：诵读经典，就是和圣贤进行心灵的交流。经典对人的心灵有春风化雨、润物无声的作用，能够培养温润如玉的人格，能够激起自强不息的勇气。

在此，我们也希望有更多的听众朋友加入经典诵读的队伍中来。

谢谢我们的两位老师、小朋友和家长朋友们。

“濠河听吧”，明天再见。

教学思考篇

从郭里园小学的寒假作业看传统文化的回归

女儿从郭里园小学拿回的五年级寒假作业单上写着“背诵 20 首古诗文”“南通春节民俗调查报告——爷爷奶奶过大年”“我来写春联”。前两项作业容易完成，这第三项要求是原创就有难度了。春联，不单要字面相对、字义相对，还要讲究喻义与平仄，对没有读过《声律启蒙》或是《笠翁对韵》的孩子来说，可不是一件容易的事。不过，这也不是绝对完成不了的。五年级的孩子也陆陆续续学了一些古诗，其实稍加点拨就可以了。

由此，我又联想到中新网上的一条新闻：教育部公布 2009 年工作要点，将开展中华经典诵读。工作要点中提到，在 2009 年，教育部将在中小学开展中华经典诵读活动，规范校园语言文字，加强德育工作。

传统文化终于回归我们的校园了。

传统文化回来了，给我们印象最深的莫过于北京奥运会的开幕式。

3000 儒生手持木简，朗诵着孔子的名句，2500 多年前一个中国圣者的声音，穿过扑朔迷离的历史暗礁，以如此恢宏高亢的方式，传遍了世界。中国文化，以前所未有的华美庄严，展现在世界的面前。

前文化部部长孙家正曾经说过这样一句话：“一个没有文化的民族是一个没有灵魂的民族。”

党的十六大报告指出：“民族精神是一个民族赖以生存和发展的精神支撑。一个民族，没有振奋的精神和高尚的品格，不可能自立于世界民族之林……面对世界范围的各种思想文化的相互激荡，必须把弘扬和培育民族精神作为文化建设极为重要的任务，纳入国民教育全过程，使全体人民始终保持昂扬向上的精神状态。”

党的十七大报告指出：“弘扬中华文化，建设中华民族共有的精神家园。中华文化是中华民族生生不息、团结奋进的不竭动力。”

而传统文化的复兴，务必先从童蒙养正开始。

“祖宗虽远，祭祀不可不诚；子孙虽愚，经书不可不读。”读书在变化气质，提高自我文化教养，开拓生命内涵。“少年自天成，习惯成自然。”蒙正修学，奠定了修身、齐家、治国、平天下的根本。父母们都望子成龙，因此“龙学”不可不学，中华儿童国学经典教育启蒙，势在必行！

很多家长担心古文深奥，孩子无法接受。其实，如果孩子能坚持读一段时间，就会发现这种担心是多余的。孩子们的记忆力超乎我们的想象，如果不给他们读经典，他们一样可以去背电视广告。这对他们来说，难易程度是一样的。尤其是当孩子处在集体诵读的环境下时，集体诵读产生的共振效果在很短的时间内可以改变孩子的气质，从自我趋向利他。这有点像佛家所说的共修，两个人一起修行的力量是一个人的 4 倍，越多的人一起修行力量就越大。这种齐读的力量足以改变孩子的气质，消除一些外因对孩子产生的负面影响。这样的读书才是有价值的读书，才能体现

“腹有诗书气自华”的境界。

读千古美文，做华夏赤子！

来吧，让我们一起诵读经典，让中华传统文化回归我们的生活。

从读《离骚》再说经典诵读

端午的诗会，《离骚》（节选）是我们的集体诵读篇目。记得刚把这个消息告诉家长时，听到最多的呼声是“太难了”。不错，按现行的教学大纲来看，《离骚》是高中阶段的学习内容，而我们学堂的学生还只是一群小不点儿。可是家长们忘了，“四书”是2008年才进高校（清华），而我们不也早就开始读了？

学堂诵读《离骚》的第三课，准确地说是第三个“30分钟”。我带领孩子们读了第三段，生僻字很多，我也是在上课前反复诵读了多遍。很多家长认可我的讲课，在这里表示感谢。其实我也并不高明多少，不过是让孩子读一遍的内容我读了几十遍而已。

朗读的效果很理想，长句“苟余情其信姱以练要兮”也读得很好，看来我们的孩子除在家复习之外也预习过了，而且通过前面两段的朗诵找到了感觉，语感不错。下课之前，我们又把三段连起来朗读了一遍，相信按这个水平，再经过半个月的练习，诗会上应该是没有问题的。

很多家长总是问我：这些内容孩子读得懂吗？那我反问一句，哪个大人敢说他把经典已经读透？没有，至少在我的周围还没有这样的家长。连我们大人都没有把经典读透，又何必让孩子把经典读“透”？我们读现在的文章，几千字的长文可以概括成几十字的中心思想；而经典，我以为几十字的文字却可以写成几千字的阐述。这就是经典与一般文章的区别，因此，我以为学习经典不能照搬一般的方法。

学习经典，我推荐的第一个方法是王财贵先生的老实读、大量读的理念。因为学习本身就是一件需要心无旁骛来做的事情，古人讲“书读百遍，其义自见”是有道理的。在读百遍的过程中，小孩子长成了大孩子，他们的社会生活知识也得到了积累，于是某一天，突然遇到一件事情，他们便会恍然大悟，醍醐灌顶，顿时领悟。这个效果不是老师说这个字翻译成现代文是什么意思，这句翻译成现代文是什么意思所能达到的。第二个推荐的方法就是南怀瑾先生的以经典解释经典的方法。这“经典解释经典”一是指上下文贯穿联系起来分析（断章取义的笑话就是把句子与全文孤立起来造成的）；二是指把所学的经典融会贯通起来。比如周日我们讲祭祀的礼仪时，如果和孩子们强调要注意什么一二三点肯定是没有效果的。于是我们在讲祭祀的关键点就是《弟子规》中的一句话“祭尽诚”，讲行礼的要求时是《弟子规》中的“揖深圆，拜恭敬”，然后还结合《大学》中的“意诚而后心正，心正而后身修”做一番解说。我觉得这样的方法要比单纯地解释文字更能让孩子接受。

孔子说过“知之者不如好之者，好之者不如乐之者。”可见兴趣是最好的老师，我们也一直强调培养孩子的学习兴趣是第一位的。在学习的初期，孩子们对这些经典文章的诵读往往并不是很感兴趣（这种状况下首先要家长“坚持”，有了家长的坚持，才有孩子的坚持），我们通过课堂上让他们担任“小老师”来领读的方法给他们以“成就感”。除此之外，学堂还通过各种活动，如这次的诗会，让他们每人自选一首诗词，到时上台来进行朗诵表演，以活动的形式来鼓励孩子们诵读。

宋代陆游有句诗说得好：“古人学问无遗力，少年功夫老始成。”经验表明及科学研究发现，儿童4~13岁这一阶段，正是一生中记忆力最强的阶段，也是培养文化素养和高尚人格的关键时期。如果在此阶段培养孩子诵读经典，既顺应了儿童学知的天性，也将为其一生的健康成长奠定优雅的人格基础。诵读经典，就是和圣贤进行心灵的交流。经典对人的心灵，有春风化雨、润物无声的作用，能够培养温润如玉的人格，能够激起自强不息的勇气。

19世纪英国学者布尔沃·利顿也说："读科学著作要读最新的，读文学作品要读最古的，古典文学往往是最摩登的。"

舒芜先生说："语文这东西，大概根本不是单靠老师的讲课能够教好，不是单靠语文作业能够学好的。要想学好语文，得在课外多读书。"我们在对待经典诵读时始终贯彻"不求理解，只求熟读"的原则，老师秉持"只奖励，不强求""只表扬，不批评"的态度，创造一个人人都在诵读的环境，让孩子浸濡其中，自然乐意亲近经典。在诵读经典的过程中，变换多种形式的朗读方法，如领读、跟读、指读、接龙读、小组读等以提高学生的朗读兴趣，集中他们的朗读注意力，培养学生的朗读语感。书一旦吸引了孩子，你会发现那种发自内心的喜爱，是千言万语、苦口婆心所难以达到的。

上述的文字，也许刚刚开始让孩子诵读经典的家长并不能全部认同，不过我相信一年以后，赞同我的观点的人会更多些。

浅说儿童学习经典的方法：诵读

"书读百遍，其义自见。"书要理解，就必须先读，尤其是对儿童。感性认识是语言类学科的学习方法，通过诵读，增强语感，增加词汇量，在不知不觉中提高对古文的阅读能力。

总结我一年来的教学方法，主要采取王财贵先生提倡的"老实读经、大量读经”法，提倡儿童“指读”。老实读、大量读，再加上指读，为的是帮助孩子达到“心眼口，信皆要”的境界。同时通过这样的方法，孩子的识字能力也得到了提高。

我很反对把文言文“翻译”成白话文的学习方法（巧的是，季羡林先生也持这种观点），因为这种“直译”法完全破坏了文言文的韵律与意境，失去了“享受”文言文的机会。如果一直用“翻译”法来学习，将来也一定会为无法直接“享受”祖先留下来的财富而感到遗憾。

在我的课堂上，我不去解释某字的字义，这种译字法，其实涉及字的本义与引申义。对孩子来说，本身的词汇量就少，用这种“不懂”法去解释“不懂”，只会让他们更糊涂。当然，孩子们有强烈的求知欲,他们也想学“懂”文章。因此,为了满足他们，我们可以做一些简单的注解及解说，来帮助他们去理解。

这里，我说的是“理解”，而不是“读懂”。因为我觉得，没有几个大人能“读懂”这些经典，就更不用说孩子了。10 年前读“老者安之，朋友信之，少者怀之”时，觉得孔子的志向太简单了。这里没有一个生僻字，是任何一个高中生都可以“读懂”的。10 年之后再读这句时，突然明白了当你喊妈的人和喊你妈的人都在你的身边，你能给他们平安与快乐，你的朋友都很信任你，你是多么的幸福啊！这样的幸福是繁华褪去后最朴素的理想。而 10 年、20 年后再读这句时，我相信会比今天的理解更深刻。所以我说，今天我依然没有“读懂”。

亲爱的家长们，不要再问我和孩子们“读懂了经典没有”。这些书，可以从 7 岁读到 17 岁、37 岁、57 岁、77 岁……是伴随我们一生的书。从这个角度上讲,也就是为什么把这些书称为“经典”的缘由。

和孩子们一起读书，我相信他们无法达到我的理解水平。不是老师小气、保守，字可以“突击”认识一下，可是文章的理解还需要加上人生的阅历和岁月的沉淀。今天陪孩子读书，目的只是教会他们“渔”，而不是把“鱼”放到他们手上。我们只需要引导孩子爱上经典，养成阅读经典的习惯，让他们有机会直接与圣人进行心灵的交流，这要胜过我们说 100 句。

有些学习，我们可以功利些，可以为 100 分而努力，可以为名牌大学、高薪而奋斗。但是学习经典，岂是为了“猎章句，干禄利哉?”经典教给我们的是做人的道理、处世的哲学，是安身、是立命，是“穷则独善其身，达则兼善天下”。

大道至简，经典也只需要用最简单、最单纯的心去读就行了。

如果说一年前刚办学堂时是倾向于这种简单的读书法，那么一年后，我更坚定了这种学习方法，其实这也是我自己学习经典的方法。

今天和朋友们一起分享学习的方法，是希望有更多的朋友来分享诵读经典的喜悦。

公益活动篇

丁丁说他是小画家，彩色铅笔一大把……

城市里的孩子谁没有一大把的彩色笔?

可是在四川汶川县特殊教育学校里，很多孩子没有彩色笔，他们的图画还只是黑白色。尤其是经历了2008年的地震，他们中的很多学生更困难了。

“在社会和学院的大力关注和支持下，很多问题虽得到了及时解决，学生的生活也基本安定下来。但这些帮助都只是暂时的，我们的学生真的需要得到更多的关注和长期的扶持。很多学生现在病了没有钱看病买药，全靠教师拿出自己的工资垫付；有的学生笔用没了，也没有钱买;作业本用完了只能在背面书写。在他们活泼的脸上很难看出他们生活的困难和内心的思乡、思亲之情，但听到半夜里寝室里传出来的那一声声啜泣，真叫人感到揪心的疼痛。”学校里的老师如是说。

“牵手共进，梦圆六一”，为了积极响应南通义工联合会的倡议，知止堂的小朋友纷纷拿出自己的零花钱。短短的10分钟，共募集到211元及1套彩色铅笔、10支铅笔。

不管捐多少，这些爱心不可以用金钱来衡量，它们代表的是孩子们纯洁的心灵。

也就是在这一年的年尾，知止堂获得了第一个荣誉，被中共南通市崇川区区委宣传部、南通市崇川区文化局授予“崇川区首批三星级群众文化团队”。

2010年

（庚寅年）

民俗活动篇

温暖新年，民族一家亲

新年的脚步近了，年的味道浓了。2010 年 1 月 31 日，农历腊月十七，在社区教室里，知止堂与北濠东村社区、和平桥街道少数民族服务中心联合举办了一场“温暖新年，民族一家亲”的迎新年民俗活动。

虽然是一场小小的社区活动，但节目也不少：有华夏民族新年习俗讲座、有民族歌舞表演、有为盲童捐献爱心挂历，最后还有老小齐动手包饺子尝饺子活动。前来参加活动的除了学堂的师生家长外，还有实验中学的部分师生、社区居民、义工朋友，市民族宗教事务局及市少数民族联谊会的领导。

活动的第一个环节是华夏民族新年习俗讲座，我身着汉服通过幻灯片为大家讲述新年的来源、流变及习俗。

接下来的歌舞，虽然没有专业的音响，但是并不影响大家的情绪。俄罗斯族老奶奶的舞蹈是在大家有节奏的掌声中完成的，有小姑娘跳起傣族舞蹈，满族的朋友为大家带来的是京剧选段，能歌善舞的维吾尔族朋友也为大家送上了一段精彩的舞蹈。而知止堂的小朋友表演的是经典诵读《笠翁对韵》，这个节目当然属于汉族特色。汉族人口多，上台表演的孩子自然也多。

终于等到最心动的时刻——吃饺子。孩子们吃得开心，家长们忙得也开心。在这里没有挑食的孩子，他们说“社区的饺子比家里的好吃”。

人月圆——庚寅元宵

元宵是新年的尾巴，天文学家称2010年元宵夜的月亮是53年来最圆、最大的一次。与往年相比，今年的元宵活动又多了些浪漫的味道，突出了传统文化与乡土文化的特色。除了孩子们感兴趣的放烧火、念童谣、放河灯、过三桥等，南通通剧戏迷协会的朋友们还带来了通剧唱段。

慎终追远，民德归厚

2010年4月5日，又是清明。清明节在民间有祭扫的习俗，还有被现代人逐渐淡忘了的踏青、拔河、放风筝、吃柳叶饼等民俗。

已有2500年历史的清明节，从起源和形成的角度看，是“清明”节气、寒食节、上巳节三者融合而成的节日：兼有节气与节日两种“身份”；以户外活动（扫墓、踏青等）为主；兼有肃穆或悲伤（在扫墓祭奠活动中）与欢乐（在踏青等游玩活动中）两种情感氛围的特色。2010年清明，和平桥街道北濠东村社区党委和我们一起组织了祭拜革命先烈的活动，以祭拜的方式唤起参加者对革命烈士的追思与敬慕，沉淀的是一种道德、一种文化，并希望以此来增强孩子们对民族精神、民族文化的认同。

慎终追远，民德归厚矣。随后，大家还参观了南通革命纪念馆。在这里，不仅陈列着吴亚鲁、白桐本、钱素凡等革命烈士的英雄事迹，还陈列着民族英雄文天祥，明代农民起义领袖刘六、刘七，带领州

庚寅年元夕

民反抗清廷“剃发令”的明万里、抗倭英雄曹顶等人的事迹。

仪式结束后，大家一起回到社区，重温那些与我们祖先的生活息息相关的民俗。社区工作人员及社区里的阿姨、奶奶们早就准备好热腾腾、香喷喷的柳叶饼招呼大家了。

庚寅年端午祭暨百名学生齐诵《离骚》

在庄严的古曲《祈福颂》声中，“庚寅年端午祭暨百名学生齐诵《离骚》”活动在和平桥街道北濠社区内正式开始。国家级非物质文化遗产项目传承人、梅庵派古琴传人之一的王永昌先生带领着他的朋友及学生担任了祭拜仪式的乐官。五月初五端午，上古的夏至之日，三闾大夫愤而投江的纪念日，也使得这个日子与其他的传统节日有了些不同的味道，它的人文意义已经超过了民俗意义。也正是因为这个原因，我们组织了这场祭拜仪式。和以往祭拜仪式不同的是，今年仪式的赞礼、执事之职都是由知止堂的孩子担任。祭尽诚，上香、祭酒、诵祝、焚祝，表达的是我们对屈原的崇敬之情，让孩子们亲身体验祭礼的庄严。如果说祭拜仪式对孩子们来说只是旁观，那么每人手捧一只粽子来到社区旁的小河边完成的祭江环节，将会让他们记忆深刻。今年活动的最大亮点是百名学生齐诵《离骚》。

当我们在社区的草坪上齐诵《离骚》时，学堂还有 4 个孩子在季老师的带领下登上游船。他们参加了南通电台端午特别节目的直播，并在节目中表演朗诵《离骚》。和他们一起参加直播活动的还有民俗专家、非遗专家等。游船缓缓行驶在如画的濠河上，陆上、水上，此起彼伏的朗诵声，穿透电波、穿越时空，在城市的上空久久回荡。

端午的民俗有吃粽子、挂艾草、做香囊、饮雄黄酒……在仪

端午祭

式结束后，我们也组织学生们一起动手做香囊。社区里的热心奶奶们又来帮忙了，当我们在外面举行祭拜仪式时，她们在里面忙着准备材料。连男生们也拿起了针线忙着做香袋，不过最后的功劳应该属于站在后面的妈妈们。

体民俗，重孝道——重阳节登高雅集

2010 年的重阳节恰逢周末，于是，我们又组织了“庚寅重阳节登高雅集”活动。这次不仅有爸爸妈妈带着孩子出门，还有孩子把奶奶也带来了。更难得的是，今天的活动是个“大活动”，社区老人、义工联合会照顾的老人也一起来了，组成浩浩荡荡 80 多人的队伍。

登山开始，孩子们搀着奶奶，一路走走停停，老师兼导游，介绍小小狼山上可圈可点的人文景点。孩子们拜谒了骆宾王墓、宋金应将军墓、清刘南庐墓。骆宾王的《咏鹅》诗孩子们张口就来，这次拜谒，也希望沾沾文气，或许将来这些人中还真能走出诗人呢。孩子们在金刚殿里饶有兴趣地观察了四大金刚手中的宝器，恍然大悟——原来这象征着“风调雨顺”；在十八高僧壁画前，孩子们竟然找到了玄奘法师像，他们也知道唐僧就是玄奘啊。一路蛇行，护潮台讲述的是沧海桑田的变化，平倭碑讲述了南通人抗击倭寇侵略的故事，幻公塔记载了狼山中兴。当大家一口气登上山顶的大观台，看大江如练，东西四山如带，还有山门前的那一副楹联时，不由得生出几分雅意。尤其是山门上大书法家米芾的“第一山”三字，“第一指这里是由海入江的第一座山。第二是狼山，狼山虽小，景色极佳。千里平原上五山崛起，狼山中峰耸峙，具泰山之雄；北麓岩深林嶂，具青城之幽；后山绝壁临崖，具华山之险；西山峰峦起伏，具峨眉之秀。小小一山具雄幽险秀，所以称第一山”。突然觉得“山不在高，有仙则名”这句子似乎就是为狼山而写。

登高后自然还要吟诗，这可是知止堂的传统节目，经过这么多年来的锻炼，孩子们的朗诵还真有模有样。在山脚的草坪上，孩子们分成3组，朗诵了历代诗人描写重阳的诗篇。比赛，不是为了争强好胜，而是为了相互学习。所以，孩子的较量也颇有君子风范。“揖让而升，下而饮”，比赛前，选手相互行鞠躬礼，比赛后席地而坐，分享着重阳糕、菊花茶。每个孩子朗诵完毕，家长们便给予热烈的掌声。

最后一个环节，是让大家最开心也是让家长们最感慨的活动——传统户外游戏。家长们准备了长绳、皮筋、沙包，老少同乐。有得玩，孩子们自然兴奋，可是真玩起来，才知道他们连玩都不会。现在的孩子太物质化了，他们的玩就是花钱玩电动游艺项目，哪能与我们小时候变废为宝、自己制作玩具相比。不知道这是时代的进步还是能力的退步。

宣传篇

2010年1月21日，南通电视台《今晚评谈》栏目播出了系列片《我们的名字叫“义工”之国学班》，再一次把知止堂义学介绍给电视机前的观众朋友们。这也是南通电视台第二次为我们制作专题介绍。

在社区的支持下，自2008年开办之初，知止堂就把民俗活动融入传统文化教学中，持续开展了春节、元宵、清明、端午、中秋、冬至等民俗活动。寓教于乐，使孩子们在游戏中学习到与祖先生活息息相关的民俗知识，使枯燥的读书变得生动活泼，更加激发了孩子们学习传统文化的兴趣。为了更好地弘扬传统文化，让更多的人来了解传统文化，此次，和平桥街道北濠东村社区的领导又以我们先后开展的系列民俗文化活动为背景，制作了画册《我们的节日——民俗文化活动》。

画册分序言、春节、元宵节、清明节、端午节、中秋节、冬至节等几部分，分别以“背景”（节日文化溯源）、“现场”（活动现场图片）和“关注”（部分新闻报道摘录）进行了回顾。

一本薄薄的画册，是义工老师两年来默默奉献的见证，更是社会关注传统文化的见证。两年来,我们先后开展了10多场活动，每一场活动的背后都有社区领导们的付出，从活动的筹划到组织准备到宣传，他们是我们最大的支持者，也是每次活动成功举办的有力保证；还有市区街道各级领导的关心，他们不仅走上我们的讲堂，而且对我们开展的活动给予指导与帮助；还有社区的奶奶、阿姨们，每逢活动，她们都会赶来制作各种民俗节食，不辞辛苦；还有社区义工，搬桌子、打扫场地，他们承担了每次活动中的“苦、脏、累”任务，他们是活动的安全保障；还有南通古琴研究会的老师们，他们把高雅的古琴音乐带进了社区，每次活动都得到他们的积极响应。他们总是准时赶到活动现场、演出结束就悄悄离去，让我们连说声“谢谢”的时间都没有……正是大家的支持，才让我们这个学堂越办越好，学生越来越多，也是因为有大家的支持，我们坚信明天会更好。因为画册数量有限，为了让民俗文化活动得到更广的传播，我们将画册制成了电子版，供朋友们下载传播。

文艺演出篇

7月2日晚8点，在更俗剧院广场，由南通市精神文明建设指导委员会办公室、南通市文化广电新闻出版局主办，南通艺术剧院、南通更俗剧院承办的“七彩的夏日”南通市未成年人暑期系列活动启动仪式暨第七届“更俗之夏”大型广场文艺活动开幕式在这里举行。知止堂有21名孩子参加了《弟子规》的表演。虽然这是个老节目，不过，孩子们还是非常认真。为了达到最好的演出效果，孩子们连续5个晚上在社区参加排练。

8月1日晚，在和平桥北濠东村社区举行的“市民最满意的社区暨我们的社区广播系列直播活动”广场演出中，排练了3个月的情景诗朗诵《我们的节日》第一次与观众见面。《我们的节日》串起了春节、元宵、清明、端午、中秋等传统节日，用舞台表演的形式演绎了中华民族的情感、信仰与文化。身着汉服的孩子们在舞台上模拟了贺拜、贴春联、闹元宵、放烧火、祭拜屈原等场景，不仅让观众欣赏到民俗文化的魅力，且再一次把汉族同胞已陌生了的汉服展示出来。

就艺术表现来讲，节目还显得粗糙，但对于孩子们来说，已经非常不错了。他们经过了刻苦而又严格的训练，克服了高温天气的影响，取得了今天的成绩，足以值得骄傲。节目4月招募小演员，5月开始排练。进入7月暑期后，除了原先的周日排练外，还增加了周二、周五两个晚上，每次排练到 21 点才回家。有些孩子白天因家中无人照顾必须跟着父母做“小上班族”，这下可是吃足了苦头。

我们是提前 10 天接到此次演出任务的。在此之前，我们排练的全本需要 9 分钟，但这次只给 5 分钟，于是我们对内容进行了删减，对表演也进行了重排。有些孩子的表演量减少了，可是他们没有和老师闹情绪，而是愉快地服从了。计划没有变化快，节目的调整不止一次。因为题材好，电台的编导对这个节目又提出新的要求，当我们按新要求排练时，又有了变化。29 日晚，编导审完节目，对内容、表演、时间又提出新的要求，而这时，离演出只剩下两个晚上的时间了。我们又一次对内容进行调整、删减。家长们也群策群力，对舞台站位、段落衔接、走台等方面提出修改意见。就这样，一台 9 分钟的节目压缩到 6 分 20 秒，又压缩到 5 分 30 秒、5 分 20 秒、5 分 10 秒，最后 4 分 50 秒，直至完全符合编导的要求。不断修改、变化的表演内容让这帮孩子七荤八素了，这两个晚上老师们说得最多的话就是：“不行，重来！”孩子们被“折磨”得只有服从的份儿。“折磨”他们的不只是老师，还有老天爷。进入大暑后，气温一路攀升，到 29 日时，气象台播报的最高温度已是 35℃。没有空调的地方就是蒸笼。有的孩子要赶半个小时的路程来社区，没排练就已一身汗了。而 1 日下午的露天彩排，就更是“魔鬼时刻”了。虽然彩排时间从 15 点推迟到 16 点 30 分，但这热浪可一丝也没减少。整场演出中有一个由 14 名老奶奶表演的节目，为了照顾老人，把她们的节目提前了，于是孩子们继续在烈日烘烤下候场。高温中，孩子们一丝不苟地完成了 3 次走台、与技术人员的配合、卡时等，以致彩排结束时，有一个孩子还出现了轻微的中暑现象。

夜幕降临，水泥地把积蓄了一天的热气散发出来，站在广场上就是“洗桑拿”。孩子们化好妆、换好服装，等待演出的开始。因为老师说，化了妆的脸不能抹花，孩子们小脸上渗出点点汗珠也不敢去抹。随着古琴曲《高山流水》的旋律，孩子们走上了舞台，稚嫩的表演赢得了一阵阵掌声，而正式演出也是彩排以来最完美的一场。孩子们的潜力真让人惊讶，为他们的成功高兴，为他们的“敬业”高兴，更为他们的成长高兴。

没想到的是，《我们的节日》在半个月内竟然连演两场，虽然这个原生态的节目还很粗糙，可就是因为表现的主题是“我们的节日”，于是在即将到来的七夕节主题活动中，显得非常应景。2010 年 8 月 14 日，由市文明办、市文广新局、团市委、妇联举办的“我们的节日·七夕暨爱在绿城——新人妙会专场活动”便是在孩子们的朗诵声中拉开了帷幕。

朋友说我们“很有远见”。我觉得是我们的节目占尽天时地利人和。天时，国学风在神州上越刮越猛，中央文明办更是以“我们的节日”为主题大力推广传统节日。地利，社区对我们的大力支持。单看这场演出的道具，没有要我们出一分钱（知止堂也没有钱），全是社区出资制作的。而这两年来，我们上课的场地及各种教学器材，如果折算成钱，那也是一笔不小的开支吧。人和，除了孩子们争气、刻苦外，也离不开家长的配合，现在学堂已有一群“铁杆”家长。在这个诗朗诵节目中，我们更是连孩子的奶奶都给“征用”了。担任我们的“剧务”，从排练到演出，奶奶和孩子们一样辛苦。尤其值得一提的是周洋小朋友，演出前一天有些发热，妈妈连夜带他去医院，当天又坚持参加演出。台上一分钟，台下十年功。当耳边不时传来观众的低语，“这个节目不错”，高兴的不止是我们老师。

我们的节日，一头连接着过去，另一头连接着未来，我们在享受祖先留下的文化遗产的同时，也在丰富着、创造着华夏的历史。从此，每一个传统节日里，孩子们都会用诗朗诵的形式来演绎我们的传统，而每一个传统节日也会记住有这样一群可爱的孩子。

继8月1日、8月14日两场演出后，赶在暑假的最后一天，31日晚，在环西文化广场，我们又参加了由市委宣传部、文明办、文广新局主办，南通人民广播电台承办的“江海创建文明潮 市民最满意的社区”颁奖晚会。

3场演出，3个版本，尤其是这次只是2分钟的微型版，这可给我们带来很大的难度。不说删了内容心疼，单要求那帮小朋友在2分钟内完成那么多情景表演，也不是件容易的事情。原以为可以“赖皮”超时的，没想到28日下午到电台审核，“不行！删！”——电台黄导站在那儿刷刷两下，节目就成了2分钟。最最可怜的是陈佳龙同学，本来就一句词，还给删没了。不过，陈佳龙同学的集体意识还是很强的，虽然自己没词了，可是这台还是要上的，不能让队伍看着单薄啊。

临阵磨枪，29日下午继续排练，30日下午又赶到现场联排。一下子换了这么大的舞台，孩子们有点晕，找不到自己的位置了。演出就在眼前，没有别的办法，只能狠下心来“强化”训练，别人走了，我们还在舞台上练。尤其是31日下午，天空下着大雨，我们在广场上找了块能挡雨的空地，反反复复，一遍又一遍。就在开演前2个小时，孩子们还在广场的角落里排练。功夫不负有心人。当孩子们从舞台上下来时，妈妈们迫不及待地告诉我们：“老师，我们看了，孩子们的演出很棒！”去掉感情因素，我知道，他们的表演肯定比彩排时更精彩！

交 流 篇

11 月 1 日上午 11:00，我和南通缂丝名家王玉祥的孙辈王浩然先生一起走进南通电台新闻频率“新闻今日谈”节目，和大家一起交流传统文化的传承与保护。

缂丝又称“刻丝”“剋丝”“克丝”，与普通织物“通经通纬”的织造方式不同，它是“通经断纬”。这种织法最早来自西域民族的缂毛织法，它以本色丝作经线，先将需缂织的纹样描在经线上，再以各色彩丝作纬线，用长仅 10 厘米的小梭根据花纹图案分块缂织。在缂丝作品上，图案与素地（无花纹的地方）、色与色的接合处形成了明显的缝隙犹如镂刻，故在庄季裕《鸡肋编》、洪皓《松漠纪闻》中又称“刻丝”。古有“一寸缂丝一寸金”“织中之圣”之称。缂丝是中国丝绸工艺品中的精华。

南通缂丝属缂丝流派中的本缂丝。和其他传统手工艺品一样，缂丝也面临着断层的危险。王浩然介绍说，成为一名织工，需要两三年的时间；而成为大师，至少要 20 年的时间，现在有多少人能坐得住这个冷板凳呢？这似乎与经典诵读也有几分相似，有一些人爱把目光落在“结果”上，把经典的学习量化，恨不得你告诉他用几个月的时间可以背诵出几万字的经典，才算是“明白”读经的好处。家长都难以沉下心来，只怕孩子也会变得更加浮躁。

正如缂丝一样，当面临断层的时候，人们才发现保护的紧迫性，而我们的传统文化又何尝不是如此呢？庆幸的是，现在读经的孩子越来越多了，坚持让孩子读经的家长也越来越多。一档节目，也许起不了多大的作用，但是我们希望通过一次次的宣传，让更多的人来关注传统文化的传承。

12 月 29 日下午，由中共中央党校党建部主办，南通市党建学会、南通市民间组织促进会、中共南通市崇川区委员会、南通市崇川区人民政府承办的“社团与社区　崇川社区建设论坛”在文峰饭店举行。

参加此次论坛的有中央党校、全国党建研究会、国家民政部、中国浦东干部学院、江苏省党建学会、江苏省省委党校、江苏省民政厅的领导，还有南通市市领导及市级机关，崇川区四套班子领导，南通市专家学者、新闻媒体，崇川区各部门、街道、社团工作代表。

论坛由中央党校党建部副主任张志明教授主持，中共南通市市委副书记黄利金、省民政厅副厅长张宝娟分别致辞。中央党校党建部主任王长江教授、中共崇川区区委书记吴旭、省民政厅社管局副局长孙斌、国家民政部社区建设司副司长王金华、省党建学会会长柯广坚、全国党建研究会副会长蔡长水等学者、领导就社区社团建设的问题做了精彩的阐述，分享了最新研究理论成果，提出在社区要大力发展志愿互助类社团、公共管理类社团和文体兴趣爱好类社团，激活社会力量参与和谐社区建设，满足居民的需要。

我作为唯一来自基层的民间公益组织的代表作了题为《民间公益组织的成长与思考》的发言。民间公益组织为我们提供了一个社会实践的机会、拓展学习的机会以及自我管理、自我完善、自我提高的平台。但是民间公益组织在成长过程中也遇到一些困难，需要得到社会各界的支持和帮助。民间组织的成员来自社会的各个层面，水平不一、素质不齐，需要通过树立统一的价值观、道德观来凝聚人心；为了提高义工的服务水平，希望得到服务范围内相关技能的免费培训；希望社会换个方式来关心我们，把宣传的重点放在活动的前期筹备工作上，让更多的人来参与义工服务而不是“表扬”式的报道；希望政府能为民间公益组织提供一个交流、学习的平台。

民间公益组织的成长与思考

作为一个民间的公益爱心组织，义工联合会已经走过两年多的风雨，从不被认可到备受欢迎，从服务无处下手到助残助老服务常年不间断，我们一步步成长起来。回顾这两年来的历程，我们有无限的感慨。

没做过义工的朋友可能认为做义工就是付出。不错，做义工首先必须付出，但是当你从事义工服务后，就会体验到付出比收获更加愉悦，因为我们在做义工的同时也实现了一次次的自我超越。

（1）义工给我们提供了一个社会实践的机会。和很多义工朋友一样，在做义工之前，我们的生活局限于一个小小的圈子。但是加入义工组织以后，我们接触到更多的人，眼界便打开了。做一名合格的义工，除了有爱心、热情之外还要有责任心，讲究服务技巧。我们曾经服务过一位奶奶，在一次服务时遇到了奶奶的家人。家人不仅不感谢我们，还扔下一句：“你们好心人来了，把她带走吧。我们没能力照顾她，你们思想好，带回去，我们不管了。”这句话让我们一下子就蒙了。义工多是年轻人，虽然有热情，但面对这样的家庭纠纷却没有一点经验。这时，我们团队中最年长的义工百花工商所的指导员陈炳生主动接下这个任务。在他的带领下，我们以“温暖一个老人，和谐一个家庭”为服务目标，通过义工服务，让老人融入家庭，回归社会。得知奶奶十多年来一直对工资和保障不解，他就多方联系奶奶远在上海的老领导，让他们来南通为奶奶一一说明；奶奶固执的个性造成她与家人近10年矛盾不断，他就多次从中调解，慢慢解开双方的心结。2010年8月，奶奶93岁生日，终于第一次吃到家人为她准备的生日蛋糕；10月，终于解决了奶奶与家人关于赠予履约的问题。为此，奶奶和家人特意给义工们送来了锦旗。

（2）义工给我们提供了一个学习的机会。在义工服务的同时，我们也学会了各种技能。特别是在“心视界”盲人电影解说组的服务过程中，为了讲好一部电影，我们反复揣摩、练习。这锻炼了我们的文字组织能力、语言表达能力、对电影表现艺术的感悟能力，自己的艺术审美能力也得到了提高。要给别人一桶水，首先自己要有十桶水。在各种义工服务过程中，我们在不断地学习各项技能，不断地成长。

（3）义工给我们提供了一个自我管理、自我反思的平台。义工是志愿服务，没有人管着你。在这个组织里，我们学会了自我管理。做义工也不是被所有人理解，我们学会了去反思自己。记得刚开始，我们这样一个民间自发的公益组织就是想做件好事都难，上门服务没人敢用，上孤儿院由于经验不足反遭工作人员的误解，最后我们只能在公园里搞搞拾垃圾的活动。于是我们开始思考，思考如何让义工获得信任。后来，当北濠东村社区向我们伸出援手时，我们就有一种找到组织的感觉。从此，我们落户社区，依托社区，并从组织结构到活动策划一一做了规范，成为一支受欢迎的义工服务队。感触最深的是我们办的国学班，两年前，当我们满怀热情创办这所义学时，却不被大家认可。开课两个月后，学生从30多人变成了3人，那种失落感、挫折感是相当强烈的。消极的做法是关掉这个义学，也没人会找我们麻烦。但是我们并没有这样做，我们没有抱怨别人的不理解，而是从自身找原因并寻找对策，从课堂教学的方式到内容，我们一点点去完善。现在我们的学生又从3人变成30多人。

（4）做义工给我们提供了一个自我提高的平台。正是因为有了前面的实践、学习及自我管理，个人的素质也在这一过程中得到了不断提高。我们中有许多老义工，他们从开始的跟随服务到现在的挑大梁，成为小组的负责人，人生价值在奉献中实现，还被授予市区级各类荣誉称号。实现自身的人生价值，也是很多年轻人加入义工这个组织的主要原因。

（5）做义工是一种精神层面的享受。赠人玫瑰，手有余香。当我们付出劳动后，我们得到了相应的报酬——精神上的回报。我们的助老组和服务对象不是亲人胜似亲人。就在最近的一次服务中，老人把她珍藏的“宝贝”、一枚写有“为人民服务”的胸章送给我们。这枚胸章的价值是无法用金钱来衡量的，它包含着老人对过去岁月的怀念，也是老人对义工的感激。我们做义工都有这样的体会，有时在工作中遇到挫折，情绪很低落，一次义工服务却让我们很快调整好心态。因为别人的一声“谢谢”是最好的治疗手段，它让我们重新获得力量，看到希望，于是对工作中的一些磕磕绊绊也一下子释怀了。义工是一份没有物质报酬的工作，但是它带给我们的却是精神上的回报。

作为一个民间的义工组织，要健康发展、持续发展，还有许多面临的问题需要解决。

（1）树立一个共同的价值观、道德观来凝聚力量。为了吸纳更多的热心朋友，我们对加入组织的人员基本上不设门槛。这带来的问题是人员水平不一、素质不齐，来自社会的各个层面。加入的人员抱有各种各样的想法与目的，当目的不能达到时，各种问题也出来了。比如，一些别有用心的人开始散布不良言论，说什么义工是上面捞政绩，无中生有。义工的一言一行稍有不当都会给队伍的稳定带来极大的负面影响。这也让我们开始思考如何带领义工队伍，用什么来凝聚人心。我们不可能像企业那样与利益挂钩，这时组织义工培训显得尤为重要，我们不急于求大，必须一步一个脚印。

（2）不断扩大的服务范围对我们来说也是一个挑战。有些专业技能的学习还需要得到相关职能部门的辅导，比如在助残服务中，我们要与聋哑人沟通就必须学会基本的手语；在助老服务中，我们必须掌握一些基本的老年人健康常识等。这就要求我们不断地学习。如果能得到服务范围内相关技能的免费培训，不仅可以提高义工们的服务技能，也将被视作社会和义工组织对义工的一种“回报”，将有利于提高组织的吸引力与凝聚力。

（3）希望社会能换个方式对我们进行关心。我们非常感谢南通的媒体，它们给予我们大力的支持，每次大型活动它们都进行了报道。这带来的问题是知道有记者要来时，参加活动的人就多，而常态的小服务参与积极性就不太高。我们希望媒体能换个角度来宣传，或是在我们活动的筹备期给予关注。2010 年南通电台元宵节的公益活动给我很大的启示，为了组织好元宵活动，电台提前滚动发布招募志愿者广告，在活动前期起到了很好的宣传效果，连县区的朋友都赶来参加。我想以后我们的宣传是不是立足于“扩大影响的目的是让更多的人来参与”，而不要让人误会成报道就是“出名”而陷于争名夺利的泥沼。

（4）是否能为民间公益组织搭建个相互交流的平台。民间组织的特性决定了我们有很多不足，不仅成员要学习，组织者更要学习。像腾讯、凤凰这些网站都有公益版块，我们南通的网站是不是也能开辟这样的版块，让各个民间公益组织在这里互动交流。这既可以开拓我们的思路，又可以凝聚所有民间公益组织的力量；而且网络交流还可以突破时间、空间的约束，更适合年轻的义工。

也希望政府部门给我们更多的引导与帮助，能否在周末或节假日，组织民间公益组织者的交流学习。

（5）要让义工成为一种社会行为。我们义工中有不少来自各类企业，而企业主对义工服务有着各种态度，这些态度也会影响到年轻人对义工服务的热情。希望政府加强对企业主的引导，是否可以考虑在各级各类企业评比中，把企业是否参加过社会公益服务作为参评条件之一，鼓励企业主在为南通的经济建设做出贡献的同时，也要为南通的精神文明建设做出贡献。

虽然民间公益组织的发展困难重重，但我们也看到了希望：当公益服务能从一个道德的高度回归到人性的基本素养、让义工服务成为一种生活方式、让义工精神成为一种待人接物的态度时，民间公益之路便会越走越宽。我们南通，有着叫响全国的志愿品牌“江海志愿者”，有被中宣部认定为我国公民道德建设中的重大典型“南通现象”，这是民间公益组织生长的土壤。迅速发展起来的民间公益力量也将会成为“江海志愿者”的补充，为“南通现象”添砖加瓦。

特色课程篇

诗文教学的新尝试

重阳节带孩子登狼山、望长江。记得儿时出去游玩回来，老师必定布置游记作文，这可是个寓教于乐的好传统。于是，我安排了两节课的时间来学习与登山望江有关的诗。

一首是宋代王安石作于公元1043年的七律《狼山观海》，另一首是北京吴金水先生2010年作的古风《庚寅中秋登狼山望长江》。

王安石的诗教起来倒是规规矩矩，首先让孩子们回忆一下自己当时登山观江的情景，然后读诗，最后讲解。

而吴先生的诗学起来气氛就不一样了。王安石的诗是个引子，和孩子们背完七律，我话题一转："时间过去了一千年"。当孩子们知道我们传统的纪年法"庚寅"就是指西历的2010年时，都觉得特别惊讶，原来今人也可以写"古诗"。顺水推舟，我给"古诗"正了一回名。

小学都要求孩子背古诗，书店也有各类"小学生必背古诗"。这无疑误导了孩子，以为这种格式的文字就是"古诗"。如果说王安石等"古人"写的诗是"古诗"还解释得通，那么今人写的格律诗等叫什么呢？解释完了，孩子们也有些兴奋。"以后我们不要说'古诗'了，要说格律诗、词、古风等，因为我们是知止堂的孩子，比较专业嘛！”这既是给孩子们戴了“高帽子”，又对他们做出了要求。

2010年作的诗，绝对“新鲜”，在时间上很容易和孩子们产生共鸣。于是，在他们的脸上，我看到了对学习的投入，而不是机械地跟读。

“一千年前，当时的狼山刚刚和大陆连接起来，王安石登狼山写下了一首诗；一千年后，我们发现，长江已在狼山南面很远的地方了，于是有个叫吴金水的人又写下了一首诗；沧海桑田，也许再过一千年，登上狼山却看不到长江了。那时的南通人，只能从前人的诗篇中了解这些。”孩子们很兴奋地听我描绘将来的情景。“也许一千年后的语文老师会说，今天我们学习古人某某某的文章……”我随口举了个孩子的名字，全班都笑倒了，“古人”大概是很好玩的称呼。其实不只是好玩，对孩子们来说，更多的是憧憬。“你们要记住，文章不是为语文老师而写的，文字是用来记录历史的，把你们看到的和你们所思考的记录下来，然后留给我们的后人。也许一千年后，他们还可以学习到古人某某某、古人某某某、古人某某某……的文章”，我又随便拿3个孩子比喻了一下。被提到名字的孩子满脸笑意，似乎自己真写了一篇美文流传千古了。更有一年级的小孩子，不甘示弱，拼命地举着手:“老师，还有我！”于是，我又给了他一个“古人”的称号。

今天的课上得非常活跃，于是我想，以后编诗文教程时，可以安排更多类似同题诗这样的组合，把古人与今人的作品放在一起学习。不单是教孩子们学会欣赏，更多的是引导，让他们明白，诗词是我们传统文化中最精粹的形式，而且这一形式并没有消亡。我们知止堂的孩子要承担起这一传承的责任，今天学习欣赏，将来还要学习创作（我们教孩子《笠翁对韵》，教他们辨别平仄也正是为以后的创作做准备）。

正如赵朴初等九老在政协第八届全国委员会第016号《建立幼年古典学校的紧急呼吁》提案中写的那样：“除背诵相当数量的历代名篇外，还要指导学生从事古文、骈文、诗、词、曲的写作实践。”这将是知止堂的教学任务。

开启中式生活——青少年与传统文化讲座

说到中式生活，大概孩子们会联想到早餐。我们吃大饼、油条、稀饭，那就是中式；如果是牛奶、面包，那就是西式。为了让孩子更直观地了解传统文化，11月7日下午，在和平桥街道及北濠东村社区领导的支持下，一场“青少年与传统文化的关系”座谈会在和平桥街道会议室进行。

带给孩子们的首先是最直观的服饰——汉服。“汉服的袖口宽大，象征天道圆融；领口直角相交，象征地道方正；背后一条直缝贯通上下，象征人道正直。一件衣服，蕴含着天地人三道，包含了我们民族的智慧。你们能说出自己身上衣服的含义来吗？”孩子们都摇头了。

摇头没关系，下面就交给今天的第一位嘉宾——王浩然。他是一位80后的年轻人，也是南通市级非遗项目缂丝技艺传人，是被誉为当代缂丝界“二王”之一的南通缂丝名家王玉祥先生的孙辈。这位年轻人10月底刚刚出席了在南京召开的第二届IOV（联合国教科文民间艺术国际组织）世界青年大会，大会有52个国家170个民族300多位青年代表参加。开幕式上，王浩然着汉族礼服，代表中国做了《以承袭传统重塑中式生活艺术》的发言，并在会议上荣获了“优秀青年传承人大奖”。同期，他还参加了由文化部和南京市政府支持，由中央编译出版社、中国艺术研究院、现代快报社主办，南京非遗保护中心承办的“中国南京非遗保护与创新论坛”，并作为青年传承人代表发言，内容为“青年与传统的关系”。而他今天的话题也是从衣冠开始。为了让孩子们坐得住，他制作了幻灯片，可爱的Q版大明衣冠图还是能吸引孩子的。而为了配合解说，学堂的老师充当模特，现场进行展示。《敏求传统，长养精英气质》是王浩然今天的话题，他从服饰开始，讲到中国传统文化。这当中，也不免说到本土的传统工艺，如板鹞、蓝印花布、仿真绣、缂丝，说到张謇先生、沈寿先生。也许与这些年来的经历有关，他对传统文化有着独特的见解，提出了“中式生活”的概念，认为父母就是传统，传统是一代代人口口相传的，是在平常生活中熏陶出来的。而今传承的重任已经落到了青少年肩上，因此，年轻人应该迅速培养起对传统文化的感情。

接下来的古琴演奏，更是让孩子们现场感受了一回“中式生活”。王娅妮，90后的大学生，师承梅庵琴派传人之一的王永昌先生。她今天带来的曲子便是梅庵派的代表琴曲《关山月》和《秋夜长》。

感谢这两位年轻的嘉宾，用语言和音乐来演绎青年与传统的关系。而听众中，除了知止堂的孩子外，有来自电大的支教志愿者，有二附、实小及实验中学的师生，还有苹果娃娃国学网站的年轻人。这一切让我们看到了复兴传统文化的希望。

对孩子来说，今天的课上得实在是长了些，感觉有些乏了。不过一说结束，他们可来了精神，居然拥上来和我们合影。他们可不是冲着我们，而是冲着我们身上的那套汉服。不管这些孩子有没有记住“汉服”两个字，但是我知道，他们的潜意识里明白，这是世上最美的衣服，他们在骨子里向往着这份中式的美丽。孩子们，相信有一天，你们会明白这样一句话：中国有礼仪之大，故称夏；有服章之美，谓之华。

座谈会后合影

教学思考篇

与社区联姻，儿童经典诵读试出一条新路

写在荣获“崇川区首批三星级群众文化团队”称号之际

2009 年 12 月，知止堂义学被中共南通市崇川区区委宣传部、南通市崇川区文化局授予“崇川区首批三星级群众文化团队”。这是全区 26 个星级团队中唯一以儿童经典诵读为活动方向的团队。

知止堂义学创办于 2008 年 8 月，不是南通市第一家，也不是唯一的儿童读经班。但是自创办以来，得到了社会各界的极大关注。一年多来，被南通各类媒体报道 20 多次，其中包括两个专题。学堂孩子们排演的《弟子规》表演唱应邀参加了市、区、街道、社区等多场演出，获得一致好评。

知止堂义学的成功，除了得益于全国对传统文化日益重视的大环境、家长的大力支持外，也与我们的办班模式有着极大的关系。

义学，意味着学堂没有收入，仅教学场所一年的租金就是一个拦路虎。目前国内义学多是个人捐资模式。不可否认，在学堂的起步阶段，在认可度不高的情况下，创办者的压力可想而知。我认识一位朋友，就是自己掏钱办义学，一年后因承受不了房租压力而被迫停课。

知止堂却幸运得多。其实从2003年开始，我就有这样的梦想，但因为场地的问题一直未能实现。2008年，机缘巧合，我认识了北濠东村社区的毛瑞红主任，和她谈起这个设想：利用社区资源办义学。没想到得到毛主任的赞同。在2008年以前，全国读经的气氛还没有现在浓厚，对读经班还存在争议。在南通走社区模式行不行？合不合适？忐忑中，我得到南通市民巡访团张薇丽副团长的关心，她对我们的设想给予了支持，认为利用社区资源，由义工老师来免费授课是个很好的尝试，这也能促进社区精神文明的建设。为了上好第一课，张团长还为我们联系了少儿书店，上课用的《弟子规》课本就是由书店赞助的。

在各界的关心下，学堂如期开课。宽敞的教室、统一的桌椅、柜式空调，后来社区又添置了电脑、投影仪，这些资源都无偿供我们使用。北京有家媒体记者在南通采访，看到我们多媒体教学时，感慨道："内地有些学校的教学环境还没有你们好呢。"

社区这个后盾的作用不仅仅体现在教学场地设施上，社区的强项是做群众组织工作，这也帮了我们很多忙。为了培养孩子们学习的兴趣，学堂在传统节日里组织了一系列民俗活动。在毛主任的带领下，社区一帮爷爷、奶奶、叔叔、阿姨成了我们的后援团。冬至搓汤圆、元宵放烧火……活儿他们干，安全他们管，我们只管带着孩子又是吃又是玩。特别是2009年端午节在濠河边祭拜屈原的活动，当时除了学堂学员、家长外，还有辖区内一所学校3个班的90多名学生一同参加。这样大规模的"集会"，安全不能马虎，因此要在公安等相关部门备案。坦率地说，如果以个人名义去申报集会，要通过公安等部门的审核时间很长，但是由街道组织出面申请，至少活动的目的就不会引人怀疑。由于沟通上的失误，当时濠河风景区现场管理人员并不知道我们的活动，见我们在他们的"地盘"上摆桌子设香案，就要"驱逐"

我们。关键时刻，又是社区出面，多方协调，才确保了活动的正常进行。

正如开办之初张薇丽团长预见的那样，社区支持我们的同时，我们也促进了社区的文化建设。我们开课后，传统文化、系列民俗活动也成了社区精神文明建设的一个亮点。加入社区，我们不再是一个孤立的团队，我们积极参加社区举办的活动，和其他群众文化团队一起亮相，使社区更多的居民了解我们，把孩子送来学习。同时，社区也凭借其宣传渠道，与记者保持联系，及时把我们的活动等信息发送出去，敏锐的记者从中捕捉到新闻点后也对我们格外关注，继而进行了多层次、多角度的报道。

2009 年 11 月，中共南通市市委常委、市宣传部部长张小平到社区进行义工工作调研时，我们作为义工服务的一个方面也在会议上做了汇报。张部长对立足社区开展义工服务的行为给予了高度评价，认为我们的系列民俗活动与中央文明办的“我们的节日”的精神是一致的，认为义工立足社区的模式可以向全市推广。

我们是幸运的，能遇到支持传统文化且有胆量、敢为人先的基层社区领导；遇到像李晨玲老师、吴乃顾老师那样热爱传统文化、热心公益服务而又很纯粹的朋友。一年多来，我们在业余时间把精力全部投入教学活动中而没有受到其他干扰。我们在经历了开始的热闹、3 个学生的尴尬后，针对孩子的学习特点，逐步摸索出适合他们的学习方法，形成了自己的教学模式、教学内容和教学风格。以前我们的学生是流水的兵，而现在学生中有近 30 名是固定学生，他们对学堂的发展起到了很好的稳定与示范作用。他们坚持学习的效果也在逐渐显现，吸引了更多的孩子来学堂学习。

在与社区的合作中，我们始终站在“推广传统文化的立场、社区的角度”上来协调关系、处理问题。即使是看法不一，只要不影响传统文化的推广，完全可以做一些变通。当然，我们也意识到，随着影响的扩大，名利的诱惑也会接踵而来。这也提醒我们在老师队伍建设方面要注意引导与沟通。而作为学堂、我们老师的核心工作依然是带领孩子诵读经典、以身作则、努力提高自己的品行修养，成为学习经典、践行经典的表率。

关于以社区为主阵地开展普及民俗知识、弘扬传统文化的建议

（再过几天，全国人大会议就要在北京召开了。这对政府来说是大事，老百姓也很关心。在网络上，我们已经看到网民们在为政府建言献策。

年前，街道领导找到我们，建议我们就普及民俗知识、弘扬传统文化写一个提案，带到人大会议上进行呼吁。一花独放不是春，虽然一年多来，我们社区“我们的节日”开展得热热闹闹，但是这样的“独特”不是我们希望的，我们希望有更多的社区、更多的朋友都加入到弘扬传统文化的队伍中来。

这份提案也许在时下百姓最关心的反腐、住房、教育、医疗、体制改革等热点问题、民生问题前会被忽视，甚至不能通过，但是我们不会灰心，我们会用行动来表明我们的决心。这篇提案的定稿也得到赵宗来先生的指导，在此一并感谢！）

民俗文化是大众在各自所处的自然环境、人文环境和社会活动中逐渐形成或约定俗成的生活方式和惯例、规矩。民俗是一个完整的文化生态，它涉及信仰、伦理、情感、文化方式等人性的方方面面。民俗学被人们称为“历史之学”“文化之学”和“百

科之学”，有人甚至称民俗为“人类文化的母源”。

民俗文化是一个民族区别于其他民族的标志，是民族智慧、民族心灵的庞大载体，是民族生存、发展的根基，也是几千年来维护中华民族屡经重大灾难而始终不解体的坚强纽带。我们早已认清只有民族的才是世界的，失去自己民俗文化的特色，就意味着一个民族失去了生命力，失去了国际交流的意义。因此，普及民俗知识，弘扬传统文化，既可以增进大众的归属感与自豪感、凝聚人心，又可以抵御西方的文化侵略，使我们中华民族在经历五千年历史风雨后依然能傲立于世界民族之林。

作为中华优秀传统文化一部分的民俗文化，如今已是日渐式微。有人甚至误认为民俗的东西就是落后的东西，现代化就是西方化，从文化到社会价值取向都以西方社会为标杆，这是极其危险的，亡国先亡史！

造成这一现象的主要原因有以下 3 点。①民俗文化缺少传承。尤其是进入 21 世纪后，掌握民俗知识的大多仅限于祖辈，父辈由于历史原因对传统文化不能正确认识，导致传承的脆弱。当代的年轻人，如果祖辈过早地离开他们，那么民俗知识只能成为儿时斑驳的回忆。母文化的缺失加上西方思潮的入侵，80 后、90 后对洋节如数家珍，对本民族的民俗知识却一无所知。我们无法想象当这一代人成为社会的主流后，我们的民族还能与世界其他民族抗衡吗？②民俗文化缺少正确的引导。一方面，优秀的民俗文化如深谷幽兰；而另一方面，一些愚昧的现象却打着民俗的旗号大行于民间。由于缺少正确的引导，这些伪民俗引发了大众的反感，而大众却将这笔账记在民俗文化的名下，使民俗文化（尤其在年轻人中间）缺少认同。以讹传讹，民俗文化被简单地等同于吃吃喝喝、被粗暴地等同于落后愚昧。③民俗文化还缺少一个展示的平台。社会的发展、经济的加快，使现代人的生活节奏也越来越快、面临的压力也越来越大。虽然民俗文化是民间约定俗成的，但是现代人在工作之余，已很少有精力再来操办民俗活动。

鉴于以上状况，由社区承担起开展普及民俗知识、弘扬传统文化的工作具有可行性与现实性。因为社区是政府的基层神经，面对的是千家万户。做群众工作一直是社区的优良传统、强项。社区承担起此任务，可以充分利用已有的资源、平台，具有减少政府资金投入、快速启动、直接影响大众等优势。同时社区工作的公益性、服务性还可以避免民俗文化在普及过程中落入商业炒作、沦为伪民俗的恶果。

因此建议：①以社区为普及主阵地。社区可利用宣传栏、宣讲组、小喇叭等形式，以居民容易接受的方式进行多角度宣传。②以传统节日为重点，可先在清明、端午、中秋、春节等节日组织各类民俗活动。活动不仅要贴近生活、灵活多样，更重要的是把握民俗文化的精髓，以传统文化引导现实民俗；活动不要流于吃喝等低层面的内容，要重视对居民精神层面的引导，把和谐社会的理念与民俗文化结合起来。③普及从娃娃抓起。社区可与辖区内的学校联合开展活动，与素质教育、学生减负结合起来。让孩子离开校园后有另一所社会大课堂来接纳他们，既可以减少家长的担忧，又可以从民俗的角度入手培养孩子的人文精神。④邀请专家学者在社区内不定期组织各类讲座，倡导孝悌忠信、礼义廉耻，使居民们有机会了解民俗文化的精髓，提高分辨能力。通过了解各地民俗中的共同点和差异点，引导大众对自己生存环境的民俗进行思考，从而主动接受自己的生存环境和异地风俗，对和谐社会的建设具有十分积极的作用。

上述建议，希望尽快组织讨论，付诸实施，我们必须正视这一问题的紧迫性。借助全民对传统文化重视程度日益加深的有利条件，可以在一些社区先进行试点，成熟后再大力铺开。让中华民族的优秀民俗文化重新回归大众的生活，让社区成为传统文化复兴的土壤。

让我们对经典心存感激

我接到南通电台新闻主持人打来的电话，邀请我们的孩子参加16日电台举办的端午节特别节目，并要我们出个节目。

我说好啊，端午节我们将举办“庚寅年端午祭暨百名学生齐诵《离骚》”活动，那我们就现场朗诵《离骚》吧。

根据电台的要求，我们挑选了6名孩子参加活动。当我分别通知家长时，家长们一迭声地说：“谢谢老师！”

谢谢老师？是因为老师给了自家孩子这个机会？我觉得不是。如果要感谢，请先感谢经典吧。我们孩子能入选，不是他们的朗诵水平有多高、技巧有多熟练，而是因为他们是一群诵读中华经典的孩子。经典在教他们识字、做人的同时，也给他们提供了展示才华的空间。

这次只有6个孩子去表演，而优秀的孩子并不只这些。没能参加这次活动的孩子也不要觉得失望，因为我们读书的目的并不是人前的炫耀。请记住我们是“知止堂”，而不是超女、快男培训基地。“知止”二字取自《大学》，在这里我们学习的是“格、致、诚、正、修、齐、治、平”的思想。童蒙养正才是做父母的首要任务。“出名要趁早”的思想让这个社会得了“都市狂躁症”，并集体发作了，其危害远远超过非典、甲流、手足口。当然，这种传染病也是可预防与治疗的，有一味中药叫“诵读经典”，每日服一剂，就会让你拥有健康的生活。

让我们抛下名利的思想，对经典心存感激、心存敬畏，以圣贤为师，与经典为友，读千古美文，做中华儿女。多年以后，我们会发现今天的小树苗在不经意间已长成参天大树。那时，我们做父母的都会幸福地仰视。

为往圣继绝学——答新华社记者问

“为天地立心，为生民立命，为往圣继绝学，为万世开太平。”2006年9月，时任总理温家宝访问英国时，曾用宋代大儒张横渠的这4句回答记者的提问。正是这种以天下为己任的豪迈之情，深深地感染了我们，促使我们在社区开办了这个免费的国文诵读班——知止堂义学。我们希望通过自己的努力，让孩子们接受中华传统文化的教育，让他们从一个自然的生物学意义上的中国人变成一个自觉的文化意义上的中国人。

如果说选择义工需要激情，那么坚持下去则需要恒心。我们的义学路走得并不平坦，经历过3个老师教3个学生的尴尬，也遇到家长把我们看成免费保姆，而无视我们理想的失望。“士不可以不弘毅，任重而道远”，《论语》中的这句话是我们迷茫时的精神支柱，一直支撑着我们。

在别人看来，做义工是付出；而对我们来说，做义工也是一分收获、一段成长的经历。教学相长，每一次备课，对我们老师来说，就是一个学习思考的过程。而一个个困难与挫折，也让我们学会了如何调整心态，用传统的说法，这是“修身”的过程；而用现代词汇讲，这就是自我完善、自我管理、自我提高的过程。

虽然每周只有一节课，但在与孩子们相处的过程中，我们也收获到大量的快乐。看着这些孩子一点点长高了、懂事了，那份喜悦是无法言表的。记得以前，有些孩子只等老师话音一落，就一阵风出了教室。而现在，你总会听到“老师再见”的招呼声，是《弟子规》这样的传统读本在教他们识字的同时也教会他们做人的道理。最近，我们临时接到演出任务，有一个叫季语欣的小姑娘，刚巧那天要去亲戚家吃“满月饭”，于是爸爸就让她自己决定。小姑娘选择参加演出，理由是：只剩下两天的排练时间，如果换人会很麻烦，还容易出错。没想到这个上小学一年级的小姑娘竟然有如此见地：她明白了什么是集体，也学会了替别人考虑，她已经学会站在全局的角度上看事情。后生可畏，这样的孩子让人不敢小瞧啊。和这样的孩子在一起，如果有一丝放弃的念头，那也会心生不安的。事实上，和这样懂事的孩子在一起，老师也不会有放弃的念头。他们的纯净也净化了我们。

如今，学堂成了我们的事业，做一名国学义工老师是我们的理想，社区的支持和家长们的支持是我们的动力。“未有好义，其事不终者也”，我们会一直坚持下去。

2011年
（辛卯年）

民俗活动篇

品读华夏新年习俗

华夏新年习俗我们已讲了 3 年，2011 年年初知止堂的课程安排就是新年习俗解说。之后，应北濠东村社区的邀请，我们再一次为社区的小学生们上了堂关于民俗知识的课。

2011 年，小学生的寒假作业多了一项社会实践的内容，社区也为孩子们准备好了各种类型的中华传统文化体验课。这次的讲座就是其中一个。除了我们学堂的孩子及辖区学生外，社区领导还接来了社会福利院的孩子一起分享这份热闹。大教室里竟然坐下了 160 多个孩子。配着幻灯片，我们从新年的名称及日期流变开始了当天的内容：衣冠上国的新年气象、礼仪之邦的新年精髓……从腊月二十三的送灶习俗一直讲到元宵节的来历，孩子们听得很起劲，而最热闹的就是穿插在其中的提问了。新年“尚新”礼俗在今天还保留着，我们现在过年的习惯中哪些是新年尚新礼俗的保留？灶神信仰源于华夏先民对什么的崇拜？南通地区除夕的风俗是什么？这些题目都难不倒孩子，很快，给孩子们准备的小礼物就发完了，意犹未尽的孩子们只能等到明年过年了。

"三兔"闹元宵

这一年的元宵节是60年一遇的"三兔"齐贺元宵节。这种现象，60年仅出现一次。上一次出现这一天文历法现象是在1951年2月20日,下一次将出现在2071年2月14日。"三兔"指的是兔年、兔日、兔时。按中国传统历法，农历是辛卯年，属兔年；农历正月十五是癸卯日，属兔日；清晨5时至7时是卯时，属兔时。

在北濠东村社区里，二附学生组成的"聪明兔"队，实小学生组成的"可爱兔"队和知止堂孩子组成的"乖乖兔"队，也来闹元宵了。

在社区的精心准备下，首先是3队"兔子"放烧火。南通民间"放烧火"的风俗，起源于远古人们对火和火神的崇拜。远一点的可以翻翻《诗经》:"去其螟螣，及其蟊贼，无害我田雅。田祖有神，重畀炎火。"说的就是乡野阡陌农夫手执火把驱虫赶兽、护卫田禾的情形。近一点的可以看看清道光初年南通诗人李琪的《崇川竹枝词》:"山村好是晚风初，烧火连天锦不如。但祝麻虫能照尽，归来沽酒脍池鱼。"诗后原注："元夕放烧火，谓之照麻虫。"这首民歌体的小诗告诉我们，当年南通民间"放烧火"的场面十分宏大壮观,连城里的红男绿女、骚人墨客都要赶去争看热闹。发端于火崇拜的"放烧火""火把节"，是整个中华民族乃至世界各民族在孩提时代共有的信仰之一，只不过名称不同、形式有异而已。随着时代的发展、社会的进步，这种古老的习俗，在有的民族和地区变异了、消亡了，而在有的民族和地区中得以保留和延续。作为汉民族集居、地处沿海发达地区的南通，能够奇迹般地在汉民族地区唯一保留"火把节"孑遗，其蕴藏的文化内涵确实是非同一般。它值得南通人民引以为豪。

放烧火具有一定的危险性，"小兔"们其实只是传递了下。

虽然只是短暂地摸一下，可这旺旺的火焰，也让一些“兔女生”们感到又兴奋又紧张。传递完，小区工作人员便在空地上挥舞起来，瞬时火星四溅，像天上的繁星洒落人间，非常壮观。接下来就是“兔子”们的诗朗诵了，他们都选取了与元宵节有关的诗词名篇：

接汉疑星落，依楼似月悬。

（唐）卢照邻《十五夜观灯》

有灯无月不娱人，有月无灯不算春。

（明）唐寅《元宵》

去年元夜时，花市灯如昼。月到柳梢头，人约黄昏后。

（宋）朱淑真《生查子·元夕》

东风夜放花千树，更吹落，星如雨。宝马雕车香满路，凤箫声动，壶光转，一夜鱼龙舞。蛾儿雪柳黄金缕，笑语盈盈暗香去。众里寻他千百度，蓦然回首，那人却在，灯火阑珊处。

（宋）辛弃疾《青玉案·元夕》

最后便是“长征”——走三桥。我们在小区里从北濠东村二桥到一村，转了一大圈。大部分孩子都坚持下来了，一路上大家有说有笑，好不热闹。“走三桥”原本是一种祈福形式，参加者也多为女性。现在很多小男生在妈妈的带领下，也来参加了。大家牵手在街道、小桥上走过，为自己、亲人和爱人祈福。相信这是上元夜一幅美丽的风景。

濠河水畔上巳雅韵

暮春者，春服既成，冠者六七人，童子五六人，浴乎沂，风乎舞雩，咏而归。

2011 年 4 月 5 日，不仅是清明节，而且适逢农历的三月初三，传统的上巳节。共青团崇川区区委主办、和平桥街道团工委承办的上巳节民俗活动在濠河畔的城市美术馆前举行。知止堂和二附的同学们参加了这次活动。

从起源和形成的角度看，清明节是“清明”节气、寒食节、上巳节三者融合而成的节日。现在孩子们只知道清明节，而对其他两个节很陌生。上巳节是一个以“洁净”“丽人”“流觞”和“雅集”为关键词的隆重节日。同诸多华夏传统佳节一样，它已消失在漫漫的岁月涟漪中；如今，只有在遥远的东瀛，在三月桃花中的“女儿节”里还能依稀觅到她远去的身影。上巳是唐代三大节日之一，杜甫的《丽人行》“三月三日天气新，长安水边多丽人”，如今依然脍炙人口。

今天的天气正如杜诗中所说，一片明媚，我们给参加活动的女生们每人赠送了一枝花，这让孩子们感到很意外。现场采访了一个小女生，让她说说对传统上巳节的印象，她说上巳节和七夕节一样是女生们过的节日。

正如今天的孩子在努力学英语，对西方文化充满好奇一样，中华文化也吸引了外国留学生。“有朋自远方来，不亦乐乎？”孩子们用热烈的掌声欢迎来自巴基斯坦的瓦力大哥哥。瓦力和南通电台主持人张培为孩子们带来了一个节目——朗诵《兰亭集序》。在他们的表演中，我们看到的是不同民族有着不同的文化传统，文化越具有民族性，才越具有世界性。教育，同样只有具有民族性，才有国际交流的意义。

东晋永和九年（公元 353 年）三月初三上巳节，王羲之、谢安等人在兰亭举行修禊活动。时任会稽内史、右军将军的王羲之，召集一批名士和家族子弟共 42 人，于会稽山阴的兰亭（今浙江省绍兴市西南）举办了首次兰亭雅集。饮酒吟诗，共得 37 首。《兰

上巳节

亭集序》是王羲之为这些诗所写的序。今天，知止堂的孩子也在濠河边席地而坐，模仿当年的雅集，体验上巳节的文化韵味。年方少，勿饮酒，所以我们以茶代酒；因为考虑到安全因素，所以我们用击鼓传花的形式代替曲水流觞。虽然形式有些不同，可孩子们感觉还是很有味道的。

鼓声停下，轮到的同学先“饮酒一杯”，然后吟诗一首。这可出了问题，竟然有好几个同学紧张得“卡壳”，大概是因为这么多陌生人，孩子们紧张了。做游戏还会紧张，这可是我没想到的。唯一的方法就是以后多参加校外活动，多锻炼，胆量自然会大起来。1658 年前的那次上巳修禊，诞生了天下第一行书，我们今天的雅集也诞生了一幅书法长卷,老少书法家同台挥毫。活动结束后，大家意犹未尽，索性把长卷铺在地上，仔细看，慢慢聊。我们也希望通过一场场民俗活动，让孩子们在游戏中体验到中华文化的魅力，慢慢领悟我们祖先暗藏在传统节日中的文化“密码”。

辛卯年端午祭

6 月 6 日，端午节，我们第三次举办“端午祭”。参加这次活动的除了学堂的 20 多个孩子外，还有南通电台《YOYO 少儿节目》的 50 多名小记者。

“辛卯年端午祭活动”包括两部分：祭拜屈原和民俗体验。

端午之名,端,正也,始也。本为5月的第一个五日。五月初五，月、日都是五，故称重五。如将一年比一天，岁中 5 月恰如一日之正午，这或许就是后来“五”渐渐通为“午”的原因，故端五又名端午；又因午时为“阳辰”，所以端午也叫“端阳”。端午还有许多别称：夏节、浴兰节、女儿节、天中节、地腊、诗人节等，间接说明了端午节俗的丰富及起源的纷纭。除汉族外，满、蒙、藏、苗、彝、畲、锡伯、朝鲜等约28个民族也庆祝这个节日。我国的端午节很早就传入日本、朝鲜、越南等国家，这些国家至今还在欢度端午佳节。

多年来教科书等介绍端午节的来历时，总是只强调它是一个纪念爱国诗人屈原的节日。结果，在相当长的年月里，几代人不了解端午节的真实内容和原汁原味的文化内涵。同许多传统佳节一样，端午正逐渐失去其美好的传统文化记忆，如今鲜有人了解：全民防疫健身才是这个节日的第一大内容。

5月正值“恶月”，蚊虫孳生，病邪流行，故禳解灾邪是端午节第一大主题。为了让孩子们亲身感受端午节的民俗，北濠东村社区、南通古琴研究会和知止堂联合举办端午节民俗活动。

不少孩子是第一次参加祭拜仪式，所以开始之前，先教会孩子们行高揖礼。从孩子们的表情中，可以看出他们有几分好奇，也有几分似曾相识。

祭拜仪式结束后，按南通的风俗，用雄黄酒在孩子们的额头上画“王”字。雄黄酒是用研磨成粉末的雄黄泡制的白酒，一般在端午节饮用。雄黄可以用作解毒剂、杀虫药。于是，古人就认为雄黄可以克制蛇、蝎等百虫，“善能杀百毒、辟百邪、制蛊毒，人佩之，入山林而虎狼伏，入川水而百毒避”。中国神话传说中常出现用雄黄来克制修炼成精的动物的情节，比如变成人形的白蛇精白娘子不慎喝下雄黄酒，失去控制现出原形。所以古人不但把雄黄粉末撒在蚊虫孳生的地方，还饮用雄黄酒来祈望能够避邪，让自己不生病。把雄黄酒涂在小孩的身上，希望如此能够使孩子们不受蛇虫的伤害。

我们还和孩子们一起做香袋。香袋中放的是由药店配的八味中药，药物的香味，经口鼻吸入，能使经脉大通，祛邪扶正，以达到祛病强身之功效。况且雄黄、艾叶等能挥发出一种奇异的香味，蛇虫闻到味道后会远远逃遁。说到做香袋，还要特别感谢社区里的阿姨，她们先一天就忙开了，当天发给孩子们的半成品都是她们劳动的成果。

10 点半，活动结束。不过，任务还没有完成。11 点，我又带领 3 名学生及小记者郑禹超一起来到电台新闻频率《新闻今日谈》栏目，参加了端午专题的直播。在节目中，孩子们不仅介绍了端午的节俗，还介绍了这种活动给他们带来的感受。

七夕：重拾民俗

转眼又是七夕。七夕，少不了传统的游戏演出，义工老师和社区居民们一起分享了节俗，这个环节感觉和爷爷奶奶最能互动，他们不时地点头附和。

穿针乞巧，是七夕节的标志性活动。古人有七尾针，现在已不见了，不过这难不住我们，看我们自制的“七尾针”：在藕节上插七根针，这下有难度了吧。每个女性都希望自己能心灵手巧。不论是退休的奶奶,还是小朋友,都饶有兴趣地参加乞巧比赛。看，有个小姑娘穿针的速度慢了些，急得快哭了，可想而知当时的比赛气氛哦!

七夕还有用花草染指甲的习俗。把凤仙花加矾（或盐）捣碎，然后敷在指甲上，就可以染成红红的指甲。记得我们小时候常这么“臭美”的，现在的孩子只知道指甲油，不知道还有这样的方法。“纯植物提炼”的“七夕”牌指甲油最受小女生的欢迎。

辛卯中秋诗会：有诗无月亦无妨

中秋节有着悠久的历史，古代帝王有春天祭日、秋天祭月的礼制，早在《周礼》一书中，就已有“中秋”一词的记载。后来贵族和文人学士也仿效起来，在中秋时节，对着天上又亮又圆的一轮皓月，观赏祭拜，寄托情怀。这种习俗就这样传到民间，形成一个传统的活动。一直到了唐代，这种祭月的风俗更为人们重视，中秋节才成为固定的节日。《唐书·太宗记》记载有“八月十五中秋节”。在中国的农历里，一年分为四季，每季又分为孟、仲、季三个部分，因而中秋也称仲秋。八月十五的月亮比其他几个月的满月更圆、更亮，所以又叫作“月夕”“八月节”。此夜，人们仰望天空如玉如盘的朗朗明月，自然会期盼家人团聚。远在他乡的游子，也借此寄托自己对故乡和亲人的思念之情。所以，中秋又称“团圆节”。

四海同源，在这华夏民族的传统节日里，我们以诗会友，共叙友情。学堂的孩子们、南通电台《YOYO少儿节目》的小记者，还有社区的居民朋友们一起聚集在北濠东村的露天平台上，共度佳节。

孩子们多才多艺，他们不但准备了诗朗诵，还有古筝、二胡演奏，武术表演；社区的居民带来了越剧、京剧演唱，葫芦丝演奏，新疆老奶奶还带领着社区奶奶们为大家表演了一段新疆舞蹈。

义工老师李晨玲是诗会的主持人，她还为大家送上了一段新雅乐演唱《诗经·子衿》。新雅乐非传统古代宫廷的祭祀音乐和宫廷雅乐，而是追求“静雅、古雅、典雅、清雅”之乐。它具有中国古典音乐的“幽远、空灵、静怡”之美。继承了孔子的“礼”与“乐”之美学思想，实现了古代音乐美学与现代音乐美学视野的巧妙转换与承接，厚重的气势，内在的张力，古朴的柔美，具有“泱泱汉风”之标志。可以说，新雅乐是人类几千年精神的互通与共鸣，是现代人对古代艺术的全新诠释与理解，也是现代人追求“平朴自然，灵魂寻根”的文化性体现。还有舞台上的“兄弟连”——他们是表兄弟，在家长的指导下，他们把诗朗诵与武术表演融合在一起，为我们带来节目《满江红》。而《古诗联诵》是诗朗诵与古筝表演的结合，也是孩子们自己编排的节目。通过这个节目的演出，孩子们知道了合作，知道了合作的力量是1+1 ＞ 2。参加过辛亥革命的国民党元老于右任先生在临终时留下一首小诗，被温总理称为“震撼中华民族的诗句”，后人把这首诗命名为《望大陆》。我为大家送上了这首诗朗诵，企盼海峡两岸早日团圆。

望大陆

于右任

葬我于高山之上兮，望我故乡；故乡不可见兮，永不能忘。
葬我于高山之上兮，望我大陆；大陆不可见兮，只有痛哭。
天苍苍，野茫茫，山之上，国有殇！

不知不觉中，曲终人散。孩子们意犹未尽，我们期待明年的中秋。

百善孝为先　重阳敬老在啬园

10 月 5 日，农历的九月初九，传统的重阳节。重阳节又称敬老节，九为阳数之极，“九九”亦含长久、长寿之意。重阳菊花则是长寿之草，重阳时节正值民间秋祭荐祖，故重阳节便有了尊老敬老之意。登高、赏菊、插茱萸，随着时代的变迁，有些习俗已不多见，但尊老敬老依然是我们民族的道德标准。

“百善孝为先”“老吾老以及人之老”，为了从小培养孩子们尊老敬老的美德，南通义工联、知止堂义学、啬园、四宜糕团店、飞鹤集团等联合举办了此次“百善孝为先　重阳敬老”主题活动。活动还吸引了通州义工联的朋友，电台《YOYO少儿节目》的小记者、南通市未成年人成长指导中心志愿者、启秀中学吴年平老师和他的学生们一同参加。

啬园是清末状元、我国近代著名的实业家和教育家张謇先生的墓园。张謇饱读儒家经典，他创办慈善事业，就是源于他思想深处积淀的儒家传统文化养分。张謇的儒家民本精神和仁爱思想在其创办的慈善事业中得以充分展现，他创办的慈善机构有育婴堂（1906）、养老院（1913）、贫民工场（1914）、盲哑学校（1916）、残废院（1916）等。张謇先生为推进中国慈善事业所做的思考和实践，至今仍使人感到亲切而有启发力。在21世纪的中国，在倡导建设社会主义和谐社会的今天，感悟张謇先生的人生境界，感受张謇的人生真谛，也是义工们的共同心愿。

今天活动的热门节目是重阳诗会。参加活动的孩子们分成“智”“仁”“勇”三组，齐声朗诵了唐代王维的《九月九日忆山东兄弟》、宋代辛弃疾的《踏莎行》、毛泽东的《采桑子》及知止堂义工老师创作的《九日登高》等古今近30首诗词作品。在孩子们稚嫩的童声中，我们感受到诗词的典雅与飘逸，体会到中国文化源远流长、生生不息的生命力。

诗会的名次采用“全民公投”方式：在场围观的大小朋友都有一票（一枝花），喜欢哪组就把花放到哪组前面。这下，不但朗诵很热烈，参赛的孩子们拉票也很积极。通州义工联的朋友们为孩子们担任监票官，他们阳光操作、现场点数，最后公布各组成绩。诗会结束，孩子们还为参加活动的老人送上了重阳糕，祝愿天下老人健康长寿。

今天活动的内容还包括游园及传统户外游戏项目。吴年平老师的专业是生物学，所以他自荐担任今天的游园导游，给孩子们讲解植物学与张謇先生的事迹。开始，孩子们是在家长的动员下跟在老师的后面，可是不知不觉中，他们已把吴老师团团围住。听到家长在外围议论，以后的生物课都这样上，那孩子们一定喜欢。家长们也许不知道，为了完成今天的导游工作，吴老师已提前一天到畜园熟悉了环境，仔细备过课了。吴老师不仅具有爱心，更有责任心，这样的老师孩子们当然喜欢。

集体活动，没有比拔河更能吸引人的了。拔河分成3批：第一批男生组；第二批女生组；第三批是男女混合、不分人数的超级组。这回连旁边的游客也被吸引过来。幸好,我们的绳足够长。

文艺演出篇

1月2日下午，在文化馆内，由南通古琴研究会承办的“人类非物质文化遗产代表作——古琴艺术南通新年演奏会”在这里举行。

古琴，亦称瑶琴、玉琴、七弦琴，是中国最古老的弹拨乐器之一。古琴是在孔子时期就已盛行的乐器，到现在至少也有3000年以上的历史了。2003年11月，联合国教科文组织正式批准中国的古琴艺术为“人类口头和非物质遗产代表作”，成为需要重点扶持和抢救的世界优秀文化遗产之一。中国历代文人常以琴、棋、书、画为修身所必须掌握的技能，以显示个人的文化素养。虽然学堂没有一个孩子学古琴，但是我们还是带孩子去现场感受了一下气氛，让他们亲耳聆听，不带任何功利色彩去感受、去经历。

在演奏会上，孩子们还为现场的来宾表演了诗朗诵，而为他们古琴即兴伴奏的便是国家级非遗项目梅庵派古琴艺术代表性传承人王永昌先生。

2月17日下午1:30，由市委宣传部、文明办、文广新局和文联主办，南通人民广播电台、市文化馆、市公交总公司和市民间文艺家协会承办的“我们的节日”元宵系列主题活动——南通市第二届“全城猜灯谜 万人闹元宵”在环西文化广场举行。孩子们的情景诗朗诵《我们的节日》也受邀参加。

这次演出对孩子们来说是场考验，我们在14日才接到市文明办的演出任务，只给我们两个晚上的排练时间；孩子们已经半年没表演了，生疏了许多。但是从当天的演出情况来看，他们比半年前进步了许多。尤其是朗诵的孩子，在感情及语速、语调上的处理已开始有点样子了。

孩子们的进步不仅表现在台上，还表现在台下。距我们的演出还有不到半小时的时间，别的孩子挤在人群里看热闹，王怿尧和顾梓濛却不声不响地躲在一边抓紧练习。当我走上去询问时，王怿尧说，他在考虑这句该用什么语气，一副大人的口气。在他们的带动下，8 名朗诵的孩子三两个一组，也各自抓紧时间练习起来。这次还要表扬陆思潭小丫头。临演出却病了，正以为她来不了时，她却来了。小脸黄黄的让人可怜，可一上台就神气了。当她和黄璎珞两人穿着粉色的汉服，提着花灯从舞台上跑过时，这对粉妆玉琢的小娃娃让观众们眼前一亮。

《我们的节日》内容取自学堂 3 年来开展的一系列民俗活动，每次观看都会勾起一段段往事。这个节目的诞生也占尽了天时地利人和。2010 年暑假只用了一个月的时间粗粗排练成型，就赶上了社区的活动，于是有了第一次亮相。不想被电台的领导看上了，半个月后电台举办的“我们的节日”七夕专题时，我们受邀参加演出。在各级各部门领导的关心下，节目一次次参加演出，孩子们通过一遍遍排练、一次次登台而慢慢成长起来。在我们的传统节日、传统文化被大家越来越关注的今天，我想《我们的节日》这个节目也将会焕发出更强的生命力。

6 月 19 日下午，节目再次参加了由北濠东村和城北村联合举办的庆祝中国共产党成立 90 周年的文艺演出。

虽说是老节目，但这次演出还是有些小小的变化。一是增加了 4 名新演员；二是中秋节的舞蹈重新编排了一下，这段舞蹈可让孙汝依妈妈操了不少心。每一次演出孩子们都很刻苦，这次演出特别要表扬杨知非，他可是带病坚持演出，节目一结束，又去医院挂水了。

马上又要到暑假了，我们将再排一个新节目，也许这场演出是《我们的节日》的收官之演，孩子们将用他们的努力为这个节目画上圆满的句号。

2011 年 7 月 30 日晚，由南通市妇联主办、崇川区妇联承办、虹桥街道妇联协办的“巾帼倡文明 爱心惠江海”南通市巾帼文体志愿者专场文艺演出在虹桥公园拉开帷幕。知止堂的孩子们带去了今夏新排练的节目——古诗吟诵《凉州词》《出塞》。

这段吟调，是台湾高敏翔老先生提供的。五六年前，一个偶然的机会，我在网上得知高老先生会濒临绝境的“古诗吟诵”，于是发去一份电子邮件，向老先生请教。老先生很快回复了，并先后发来多首台湾吟诵界老师吟诵的诗、词、文等音频。虽然音频中的老师是用闽南语吟诵，但我们南通话中也同样保留着古代汉语的发音特点，听多了，也能找到些感觉。于是，我们做了一个尝试——让孩子们学会吟调后用南通话来吟诵。当孩子们用南通方言吟诵时，我们再一次深刻体会到了海峡两岸同根同祖，我们之间有着割不断的文脉。

用方言来吟诵可不是件容易的事。现在会方言的孩子越来越少，别说是吟诵，就是念，只怕他们也从来没有想过。为了让不会说南通话的南通小朋友学会用方言“念古诗”，我们也费了一番心思。幸好我们得到了南通电台、南通电视台方言栏目老师的支持，为我们答疑解惑。南通电台主持人老陈更是为孩子们录制了南通话朗诵音频，让孩子们在家跟读。过了语言关，还有另一关。学堂的孩子不是戏曲学校的孩子，除了先天音质欠缺外，单就一个“依字行腔”的要求，就让他们一头雾水，不得要领。困难再大，终比不过责任大。既然机缘使我们有幸听到海峡那边的吟诵，我

古诗吟诵

们就要传承下去，完成一次完美的接力。经过一个月的刻苦训练，在今夏最热的天气里，孩子们终于站在舞台上了。

原生态的童声，稚嫩的表演，从舞台艺术角度讲，不算是个好节目，但是孩子们展示了采用文读系统、具有依字行腔等特点的传统吟诵，这已超过“表演”的意义。期待有更多的人通过这群可爱的孩子来了解吟诵、喜爱吟诵、传承吟诵。

2011 年 8 月 25 日下午，由南通市崇川区文明办、区团委、区妇联、区文联、区关工委、区文广新局、区教体局等单位主办的“颂歌献给伟大的党”——崇川区“濠滨夏日”暑期青少年文艺汇演在今世缘演艺广场举行。知止堂的孩子们再次带去了古诗吟诵《凉州词》《出塞》，这也是一个月内的第三场演出。又是一个难忘的暑假，25 名孩子经过 15 场排练、3 场演出，其中的滋味只有他们自己最清楚。

还记得节目第一场排练时乱七八糟的情景，尤其是后排做“背景”的吟诵组男生们，无聊得东张西望；还记得那个小胖子，第一场排练时累得喊腿疼，提前回家了；还记得第一次参加演出的小女生，排练时紧张得如同“小媳妇”……两个月后，看着舞台上的他们，个个精神饱满，神采飞扬，举手投足之间已找到些舞台的感觉。不论是身着简洁的校服还是儒雅的汉服，孩子们的脸上都写满了自信。

一分耕耘，一分收获。收获的不只是掌声，还有意志的磨炼。冒着高温，顶着暴雨，外加蚊虫叮咬，孩子们常常一练就是一个小时。台上一分钟，台下十年功。在这里，成功没有捷径可走，成功，是因为他们有更多的付出，流更多的汗水。帅鑫阳、易铭逊、周洋、陈嘉仪、顾任思雨、徐彧文 6 人，更是没有一次缺勤。尤其值得表扬的是周洋，在医院挂完水后又赶来排练。这次的演出，又赶上肚子不舒服，他也只是用热毛巾敷了一会儿，坚持参加完演出，尽显“男子汉”本色。

看着孩子们进步，最高兴的当然是老师与家长，因为培养了孩子，也成长了自己。节目中，那对粉娃娃的团扇舞是孙汝依妈妈编排的；孩子们历次的演出视频，是帅鑫阳妈妈拍摄的；而我们老师，带着他们第一年排了表演唱《弟子规》，第二年排了情景诗朗诵《我们的节日》，今年排了古诗吟诵。在孩子们的推动下，我们也慢慢地“专业”起来。

随着舞台上的谢幕，这个忙碌、辛苦而又有些小成就的暑假也快要结束了。我们又要恢复平静的读书生活，希望孩子们能继续这份热情，终日以圣贤为师，与经典为友，读千古美文，做中华儿女！

交流篇

2月2日，除夕。上午10点，我带领徐彧文、黄璎珞、戴畅宇一起做客南通电台新闻频率的春节特别节目。春节特别节目从除夕一直到初五，每天一档。

在第一天的节目中，电台3位主持人和大家一起聊聊各地过年的习俗，我还和听众介绍了南通地区除夕的风俗。

今天的节目从黄璎珞朗诵宋王安石的《元日》诗开始，徐彧文和戴畅宇在其后也朗诵了清赵翼的《除夕》，应时应景。

孩子们已是第三次参加电台的直播节目，这次带去的小朋友可是代表着知止堂的“老中青三代”：既有2008年的第一批孩子，也有2010年年底刚来的。不过，相对而言，学堂男生的实力要弱些。这次选代表，女生可选的余地很大，而能带出去的男生不多。我们的男生要加油，不能一直输给女生。子曰：“志于道，据于德，依于仁，游于艺。”适当地“游于艺”也会为将来进入社会带来一些帮助，不能小看哦。

4月4日下午，应南通电台《YOYO少儿节目》主持人小树姐姐的邀请，我带领学堂的6位小朋友参加了清明专题的录制。在长达一个小时的节目中，除了和小树姐姐一起讲述清明的节俗外，还穿插了他们的诗朗诵。

第一次进录音室录音，小朋友们还是有些紧张，3 组节目第一遍都没能让大家满意。不过我们是录播节目，所以孩子们还有机会重来。很快，他们就找到了感觉，顺利地完成了录制任务。尤其是两位小女生，当告诉小树姐姐她们才上二年级时，小树姐姐觉得很惊讶：二年级就能朗诵到这个水平，不错哦！我们的孩子多次参加电台的节目，诗朗诵已成了“名片”。这对学堂的其他小朋友提出了要求，大家都要练好诗朗诵，不要掉队啊。这是我们第四次带孩子们去电台做节目，有新来的小朋友问我们，可不可以带她去，她也喜欢朗诵。我们说可以啊，不过是有条件的，首先你要做到坚持诵读经典，其次上课要踊跃举手领读。

每次选孩子出去表演，其实都遵循着这样的原则。因为我们认为，这不仅是孩子个人才艺的展示，更重要的是，他们代表的是知止堂义学的孩子，是一群诵读经典的孩子。他们不仅要在节目中展示个人风采，更希望他们能起到示范作用，吸引更多的孩子诵读经典，感悟传统文化。

少儿读经典是一种文化传递的实践，希望明天有更多的孩子参与此项实践。国学教育，让孩子们从自然的、生物学上的中国人，变成一个自觉的、文化意义上的中国人，也欢迎更多的朋友们加入这项公益事业。

在和平桥街道北濠东村社区内，有一面 40 多平方米的“笑脸”主题墙，这些“笑脸”是社区里的义工及他们的服务对象。

5 月 3 日，学堂义工老师刘艳萍作为“笑脸”之一（右上数第三张），和北濠东村社区的毛瑞红主任一起走进南通电台《新闻今日谈》栏目，说说“笑脸”背后的故事。

义工刘老师是2010年6月加入知止堂的，在此之前，她的身份是“学员家长”。身为一名中学语文老师，传统文化是她的兴趣所在，所以她很快就认同了我们的理念。经过几个月的了解后，她从“学员家长”变身为“义工老师”。在今天的节目中，她用亲身感受，谈了家长看到的孩子诵读经典后的变化和自己参加义工服务的体会。

节目主持人姚广，可是知止堂的老朋友了，他一直关注着我们的发展，多次在节目中宣传，邀请孩子们参加电台的活动。正是在这些关心知止堂的媒体人的支持下，孩子们逐渐被社会所了解，他们的才艺也一次次得到锻炼和提高。

11月27日下午，北濠东村社区，第三届民族文化节开幕式在这里举行，来自南通中学西藏班、南通电视广播大学和知止堂的孩子及社区居民们一起参加了活动。

活动最吸引孩子的是文艺演出和文化互动体验。西藏的学生们教汉族的孩子们用藏语说“你好”“谢谢”“这个东西多少钱”“太贵了”等，希望将来有一天，我们去西藏旅游时会派上用场。而我们也教他们说南通话，希望他们能在南通生活学习时用得上。虽然我们彼此之间隔山隔水，那么遥远，但是我们使用的语言是同一语系——汉藏语系，这让我们觉得亲近了许多。

最有趣的体验是穿上彼此的民族服装学礼仪。在藏族学生的帮助下，我们汉族的孩子穿上了藏袍；藏族学生在我们的帮助下，也穿上了汉服。

现场的文艺演出也很精彩，当然最精彩的要数藏族孩子带来的藏族舞蹈。在他们的舞蹈中也许包含了对那片土地的思念，所以特别有震撼力。大家情不自禁地为他们鼓掌，将演出气氛推向一个高潮。而我们的小姑娘黄璎珞也带来了一曲有模有样的古筝独奏《渔舟唱晚》。短暂的活动让孩子们意犹未尽，南通中学的蒋老师说有机会可以给学堂的孩子们办个专场演出，和他们仔细地聊聊西藏的风情，让我们一起期待吧。

特色课程篇

学堂将开设吟诵课，教孩子们用中国人传统的读书方式——吟诵，走进诗词的真实世界。吟诵，是汉文化圈中的文人们诵读汉诗文的传统方式，从先秦开始，通过私塾、官学等教育系统，口传心授，代代相传。从100年以前上溯到3000多年前，所有的中国读书人都是吟诵的。吟诵经典文献，吟诵诗词文赋，吟诵一切汉文作品。吟诵着创作，吟诵着欣赏，吟诵着学习和记忆。吟诵就是汉诗文的活态和原貌。

难道不吟诵就走不进诗词的真实世界？

王之涣的《登鹳雀楼》应该是大家非常熟悉的一首诗吧。百度百科的鉴赏是这样写的：这首诗写诗人在登高望远中表现出来的不凡的胸襟抱负，反映了盛唐时期人们积极向上的进取精神。在新华网湖南频道中，有一篇介绍《登鹳雀楼》的文章，其中有这样一段文字："但留传至今，妇孺皆知的诗冠，当属太原才子王之涣的《登鹳雀楼》。此诗虽然只有二十字，却以千钧巨椽，绘下北国河山的磅礴气势和壮丽景象，令人襟怀豪放。诗人受大自然震撼的心灵，悟出的是平易而深刻的哲理，能够催人抛弃故步自封的浅见陋识，登高放眼，不断开拓出愈益美好的崭新境界。这首诗的前两句写的是自然景色，但一开口就有缩万里于咫尺，使咫尺有万里之势。后两句写意，写得出人意料，把哲理与景物、情势融合得天衣无缝，成为鹳雀楼上一首不朽的绝唱。因此，千百年来这首诗不仅激励着中华民族奋发向上，而且揭示了站得高才能看得远的哲学真理。”也就是说，这是一首励志诗，今人也引用此诗的诗意，祝朋友更上一层楼。

可是诗读多了，发现杜甫说“花近高楼伤客心”，辛弃疾说“爱上层楼，为赋新词强说愁”，在古代，登楼是伤心的意思！王粲登楼而悲，这是典故。为什么会理解错？因为我们读错了！读错就会理解错。

学堂的孩子读过《笠翁对韵》，细心的孩子应该发现，这首诗的韵脚字是“流、楼”，位于《平水韵》中的“十一尤”部，懂诗的人都知道尤韵是不会有奋发图强的诗，因为这个韵太软绵绵了，是幽婉的味道。如果不用中国的传统方法去吟诵，如果读诗时不拖韵字，当然就读不明白。尤其是传统吟诵平低仄高的特点（普通话是平高仄低），才能把诗文声音的高低含义表达出来。只有听传统吟诵，才能明白原来声音的含义。“白日依山尽”，“白日”是短音，“山”是长音，“依尽”是中音，我们的诗是分长、中、短音的。有人说王之涣写错了，应该是“红日依山尽”，就是因为没弄明白“山”是长音。“白日”才是对的（“白”是入声字）。“黄河入海流”，“河”“流”是长音，“入”是短音，“黄”“海”是中音，你按长短读一下，马上就会感觉到人生苦短，联想起多少伤心事。

学堂已教过《笠翁对韵》，孩子们对韵字、判别平仄及平仄规律也已基本掌握，这是孩子们掌握吟诵的优势，同时通过吟诵诗文，还可以让孩子们巩固声律知识，为以后学习近体诗词的创作打下基础。关于吟诵的基本规则，可参见另一篇文章《吟诵启蒙》。

现在会说方言的孩子很少，普通话是我们的通用语言，因此我们会教孩子用普通话来吟诵。但是普通话吟诵，并不排斥传统的方言文读系统的吟诵。我们在学会普通话吟诵基础上，再去传承传统吟诵（用普通话还是要遵守吟诵规则，尤其是入声字与韵脚字，还是要采用文读系统）。

2011 年暑假，学堂有十几个孩子参加了《古诗吟诵》的排练与演出，很多家长和观众说传统吟诵不好听。我想这是有原因的：其一，这些孩子不是专攻声乐的，他们并没有“唱歌”的天赋。即使是流行歌曲，也不是所有人都能唱得很好听。其二，这也是最根本的原因，是我们的耳朵已经西方化了。我们从小听的就是西方音乐。中国的流行歌曲也是西方音乐，连民歌都西方唱法了，戏曲用五线谱了，民乐都和弦了，还有什么好说呢？对绝大多数中国人来说，这一辈子从未听过真正的中国音乐。中国音乐，不仅音律与西方有异，唱法与西方有异，风格与西方有异，而且音乐观念更有异，作用和意义也有异。吟诵未经西方音乐改造，它还是原生态的，这才是真正的中国音乐，而且是上层音乐的核心部分。当我们说传统吟诵不好听的时候，我们更应该为自己，为我们的文化感到悲哀！

传统吟诵都是好听的！

让我们爱上吟诵吧，让吟诵课成为学堂的又一特色！

公 益 篇

3月30日上午，“崇川区志愿者协会成立大会暨第一次会员代表大会”在区委礼堂召开，会议由区委宣传部部长蔡莉主持。会议通过了“南通市崇川区志愿者协会章程”，选举产生出协会第一届理事。

崇川区志愿者协会的成立，为全区志愿者营造了一个温馨和美的心灵家园，为全区开展志愿服务活动提供了强有力的组织保证。协会将广泛深入地开展志愿者活动，包括向社会特殊群体提供服务、为社会大型活动提供志愿服务、为城市公益事业提供志愿服务、开展与外地志愿者组织和团体的交流、组织开展应急救援志愿服务活动等。

随后，所有与会代表来到更俗剧场门前广场，参加了法律、社区矫正、禁毒、科普、文学艺术、教育、医疗卫生、职工维权、环保等16个志愿服务总队的授旗仪式。同时，在活动现场，来自各专业服务总队的志愿者还为市民提供了理发、量血压、咨询等志愿服务。

我参加了今天的成立大会，并作为志愿者代表发了言。

4月17日下午3时，和往常一样是我们读书的时间。和以往不一样的是，今天的教室里，除了义工老师外，还多了几名挂着“知止堂义学家长会”胸卡的工作人员，他们就是刚刚成立的家长会的义工。他们的工作内容是协助老师管理教学秩序，参与学堂的各项教学活动。今天是家长会启动的日子，在各位义工上岗前，义工老师刘艳萍还为大家做了一个简短的培训。顾任思雨爸爸、帅鑫阳妈妈、黄缪嘉禾妈妈、陈嘉仪妈妈、顾梓潆妈妈、张徐祎妈妈、黄骊文妈妈7位家长参加了第一期培训。

参加义工服务的家长们不需要占用额外的时间，只在等待孩子放学的那段时间里，配合好老师，完成当天的教学任务。这种义工方式就是时下很流行的“微公益”。

在大公益时代，活动的参与者大多是社会名流及组织机构，“巴比慈善晚宴”“陈光标承诺裸捐”，这种靠名人财富转移来实现的公益令人瞩目，而普通人只是围观者。微公益的理念相对低调，让普通人都能参与其中——好事很微小，参与很轻松。“微公益”行动的两大要素：一是简单，要让很多人可以参与其中；二是有效，通过大量普通人的参与使受助者产生真正的改变。

参加家长会的义工，大多数是全程陪同孩子的家长，“反正是在这里等孩子，不如配合老师做些有意义的事情。同时也给孩子树立一个榜样，培养他们助人为乐的精神”。家长们正是抱着这种心态来参加义工的。微公益这种零门槛、零负担的慈善方式使更多的人能够轻松地参与其中。

在互联网普及的今天，微公益通过网络得到了更广的传播，做公益也不再是传统的捐钱捐物上门服务。如果你在马路上看到塑料袋，捡起来并投入分类垃圾箱中，你就做了两件公益事情；如果你在上网时转发了一条求助消息，这也是；如果你今天放弃私家车而选择公交出行，这也是……在微公益的理念下，公益的形式得到不断地创新与丰富，也使公益服务回归到它的本质意义上来。大家参与，人人关心身边的人、物和环境。

微公益让公益服务从一个道德的高度回归到人性的基本素

养，成为一种待人接物的态度、一种生活方式。它是一种流行、一种倡导。我们相信，家长会这种微公益形式一定会得到更多家长朋友的支持和参与，培养孩子，成长自己!

8月26日晚，我和南通义工联合会、通州义工联合会及火柴头公益团队的代表一起，参加了南通电台新闻频率《新闻今日谈・百姓访谈》栏目的录音，在节目中和大家一起分享了做义工的酸甜苦辣。

8月初，南通义工联和知止堂义学联合南通8家公益社团组建南通民间公益联盟，并于8月28日下午在城市博物馆水天讲堂举行第一期青年公益沙龙。

参加这次专访的代表都是联盟成员，在节目中大家主要谈论了联盟组建的宗旨与意图，同时也就郭美美事件给公益团队带来哪些影响与主持人进行了讨论。

2011年8月28日，在南通城市博物馆的水天讲堂，由崇川区团委和区文明办主办，南通民间公益联盟承办的“第一期青年公益沙龙”隆重召开。南通麦田、陆善洪工作室、通州义工联合会、火柴头公益、如皋绿叶义工、如东义工联合会、南通义工联合会、知止堂义学8支民间公益组织代表，以及社区、街道、市民团、区文明办等单位领导参加了此次活动。

作为南通义工联合会负责人，我主持了这次活动。本次活动也标志着南通民间公益联盟组织的正式成立。南通民间公益联盟的成立，预示着南通的民间公益组织有了一个可以相互交流和整合的平台。活动旨在通过建立这个联盟组织来整合南通地区的义工组织，并通过联盟活动来扩大宣传，提高影响，传递一个全新的公益理念。当公益服务从一个道德的高度回归到人性的基本素养，成为一种生活方式、一种待人接物的态度时，民间公益之路就会越走越宽。

本次活动，学堂派出义工老师李晨玲及家长会义工黄缪嘉禾妈妈、帅鑫阳妈妈、陈嘉仪妈妈、黄骊文妈妈 5 人参加，同时李晨玲老师还发表了《微公益，让义工更从容》的主题演讲：

在我们学堂，知止堂义学家长会便是一次微公益的尝试。参加义工服务的家长们不需要占用额外的时间，只在等待孩子放学的那段时间里，配合好老师，完成今天的教学任务。参加家长会的义工们，大多数是全程陪同孩子的家长：反正是在这里等孩子，不如配合老师做些有意义的事情。同时也给孩子树立一个榜样，培养他们助人为乐的精神。家长们正是抱着这种心态来参加义工的。这种零门槛、零负担的公益方式，也让家长们在培养孩子的过程中成长了自己。这就是我们所倡导的微公益。

微公益的形式虽然非常丰富，参加也很轻松，但是坚持下去，则需要恒心。我们的义学路走得并不平坦，经历过 3 个老师教 3 个学生的尴尬，也遇到家长把我们看成免费保姆。我们还曾遭遇过诸多的怀疑，我们办义学的目的、办义学的动机，或许到现在还会有人不理解这些人到底在图什么？“士不可以不弘毅，任重而道远”,《论语》中的这句话是我们迷茫时的精神支柱，一直支撑着我们。

在别人看来，做义工是付出，而对我们来说，做义工也是一分收获、一段成长的经历。用传统的说法，这是修身的过程，而用现代词汇讲，这就是自我完善、自我管理、自我提高的过程。

在此次交流中，虽然大家在不同地方做着不同的公益事情，但大家都有着相似的经历和感慨：首先是义工的个人修养。作为一名义工，要有一颗真诚的心、感恩的心，还要有一个快乐的生活态度。麦田团队的代表“我的冰红茶”说,爱自己,才能爱别人。

自己快乐才能带给别人快乐。而义工的个人品格也很重要。作为义工，你必须有诚信，只有别人信任你，才会愿意接受你的帮助，才会愿意跟你沟通。其次是持之以恒。做一件好事容易，难的是做一辈子好事。义工的高加入率和高流失率也是值得大家关注的。我们的义工到底能坚持多久？在做义工的道路上，我们都受到过旁人的质疑、非议，但是我们都学会了调整自己的心态，用豁达的心态去面对。当然，我们也感受到了因为做义工带给我们的自豪感和荣誉感。正如陆善洪老师所说，当他告诉别人他的经历时，即使是素不相识的陌生人都会对他特别敬重。在别人看来，做义工是付出，但对于我们来说，做义工也是一分收获，一段成长的经历。

11 月 22 日下午 2:00~5:00，由崇川区团委和区委宣传部文明办召集组织的“崇川区志愿类社团发展状况调研座谈会”在南通市崇川区区委宣传部的 225 会议室召开。与会代表包括 8 个义工团体代表、2 个街办代表以及 4 个机关代表。他们分别是义工联合会、知止堂义学、火柴头公益、南通麦田、城南城圆社、知心奶奶、爱心送餐、南通爱德基金会、和平桥街办、虹桥街办、医卫服务总队、教育服务总队、天平服务总队、志愿者协会。与会领导有 5 位：区委常委、区委宣传部部长蔡莉，区民政局局长杜瑞山，区委宣传部副部长、区文明办主任倪永楠，区文明办副主任徐锋，区委团委副书记吴乃顾。

此次活动由南通崇川区文明办副主任徐锋主持。徐主任指出：目前，社区社团共有 1200 多个，其中兴趣爱好类有 500 多个，志愿服务类 350 多个，公共管理类有 350 多个。本次活动是为了全面了解社团的发展状况，力争在全区更好地营造志愿者发展平台，以迎接即将到来的国际志愿者日（12 月 5 日），并为下一步工作的展开找准定位。在徐主任的主持下，与会代表依次发言。

本次活动，学堂派出义工老师刘艳萍参加。在向其他社团组织虚心学习的同时，刘艳萍老师也围绕“知止堂义学的发展状况及设想和建议”做了主题发言，与大家进行了交流讨论。刘老师的发言紧扣学堂办学理念，即宣传传统文化，注重民俗体验为主；交流了义工老师在学堂成立 3 年来的一些具体做法，具体体现在“一高一低”上。“一高”是指想成为一位义工老师，仅仅凭着一时的热情和冲动，只靠献爱心是远远不够的，还要有敢于坚持的一颗恒心和能够付出时间和精力的一种责任感、使命感。为此，学堂为每一位有意参与的报名者特设了一段心理缓冲期，时间是跟随学堂上课至少 12 次，也就是 3 个月左右。就在这样的高门槛下，3 年来先后报名的 10 余位爱心人士陆续来体验过一段时间，最终还是退出了，现在仍旧是 3 位老师。“一低”是指我们家长会义工的零门槛、零负担的公益方式。最后，刘老师还就团队建设方面，提出在家长会义工这个组织中引进激励机制的设想，以促使家长义工提高热情，增强责任感。

教学思考篇

参加直播节目背后的思考

又是一个传统节日来临，应《YOYO少儿节目》小树姐姐的邀请，荀奕童、杨知非、顾梓潆、陆思潭4位同学走进了直播间，和大家一起聊了聊端午节的习俗。

这不是第一次带孩子走进直播间。每个入选的孩子家长总是对我们说，感谢老师给他们这个机会。我们想说，不要感谢我们，要谢就谢经典吧。邀请他们做节目，不是因为他们的才艺突出，而是因为他们是一群坚持学习经典的孩子，是经典给了他们展示个人才艺的机会。而每一次挑选孩子，我们不都是以“坚持”为第一要素吗？坚持的结果，不只是字识得多，而是更加接近圣贤的思想，更能体现出经典对未成年人思想教育的引导意义。

做完节目回家的路上，陆思潭突然对我说：“老师，下次你带黄璎珞吧。”这话让我一愣，这个才上一年级的小丫头还会为别人争取机会，值得表扬！

是我把她“拔高”了吗？因为这两个小丫头是好朋友，这是天性吧！“人之初，性本善。”（《三字经》）“天命之谓性，率性之谓道，修道之谓教。”（《中庸》）

小丫头秉承天性，以经典为师，在潜移默化中接受圣人的教诲，才使她行事有君子风度。而像她这样为别人争取机会的孩子不是少数，每次“选拔”，学堂里不少孩子喜欢推荐别人。他们似乎不怕别人与自己“竞争”，也不在乎别人“上”会不会使自己“下”。“君子无所争”“其争也君子”啊！

如果这些孩子都能守住本性，以经典为指南，那么10多年后，当他们踏上充满竞争的社会时，就无须担心他们因为竞争而失去朋友，也不会把竞争“对手”变成“死敌”。以这种智慧处世，人情练达，我们做家长的又何须担心“读经的孩子到社会上会吃亏”呢？

童蒙养正，培养的就是浩然正气。以“四书”为教材，课本便不只是识字、写作的教材，更是德育的教材。经典的语言，经过千百年锤炼，堪称精品，是学习、审美、陶冶德性的完美结合。

但是，学习经典不能囫囵吞枣、急于求成，不能快餐化、功利化。我们提倡的是潜心研读经典，静心体悟人生的认知方式。小丫头陆思潭自2008年入学，一直坚持不懈，这次的言语也是一种必然吧，她已在不自觉中践行了经典。

流水般的学堂，3年来已有200多名孩子在这里进出。孩子坚持的背后是家长的坚持，是家长对传统文化的认可、对儿童读经理念的赞同。这种赞同不是用言语来表达的，而是用行动来说明的。如果不是真正地认可、赞同，他们是没有恒心与毅力坚持让孩子诵读经典的。或者因为孩子要学外语，要补习功课，要学习器乐等，太忙；或者因为孩子对读经没有兴趣；或者……总之，有太多的理由可罗列，要克服这些困难，如果不是真正地认可与赞同传统文化，家长是做不到的。

今天能在这个课堂相识，可以说是一种缘分，是经典让我们结缘。缘分有长有短，有深有浅，我们会珍惜每一张小脸，希望在同行的这段时间内，给他们最大的帮助与鼓励。不过我们老师也没有什么教育秘籍，不过是谨记夫子的那句话而已。

子曰：志于道，据于德，依于仁，游于艺。

课堂在电波中延伸

自从4月应南通电台FM103《YOYO少儿节目》主持人小树姐姐的邀请，每周三晚在她的节目中做一档少儿国学的节目，一晃已半年。节目中，学堂的孩子们常常打进热线电话，和我们分享自己的学习心得，我和孩子们又有了一串串值得回忆的故事。

紧张

孩子们初次打进热线电话时，都比较紧张。其实我也一样。最紧张的要数黄奕雯了。第一次在电话中朗诵《三字经》时，她的声音非常拘谨，还不等我提问，就吓得赶紧把电话挂了。而现在呢，每逢周三必打进电话，不但朗诵，还能轻松地和我们聊天。呃，在这里也稍稍为她家心疼一下电话费吧。

淡季和旺季

先明确一下定义：淡季——开学后；旺季——暑期中。

节目最热闹的是暑期中，孩子们有大把的时间可支配。于是，我们的热心听众也多了。最高纪录是在35分钟的节目中，竟然有9个热线电话。小树姐姐接电话都接得手“抽筋”了。如果按每个孩子3分钟计算，这档节目中，轮到我说话的时间已所剩无几。

宗秋月、顾任思雨、陈嘉仪、周洋、帅鑫阳、张子悦、顾皓宇、张文怡，还有“披着斗篷”的顾梓潆，在旺季里，他们把这档节目闹翻了天，常常是没等到我和小树姐姐的开场白，他们的电话就打来了。

意外的奖品

用什么词来形容小树姐姐呢？孩子们说是“伟大”！“伟大的”小树姐姐会出其不意地在节目中派发奖品，有洛卡王国的体验券、真人童话剧的入场券，还有TT战士的会员卡……

这些奖品都很受孩子们的欢迎，于是带动了新一轮的参与热潮。虽然孩子们参与节目并不是为了得到奖品，但是有奖品能让孩子们更开心。让我们期待“伟大的”小树姐姐继续在节目中派发奖品吧！

自己的声音

从收音机里听自己朗诵的声音，是不是也有一点点成就感呢？

为了鼓励孩子们参与节目互动，激发他们的学习兴趣，从8月开始，我们就邀请节目的热心小听众来录制所学内容的朗诵，每两周换一个人。从此，我们的节目中出现了不同的声音。

片花中，配着谭晶那首好听的《龙文》旋律，是腼腆的陈嘉仪的声音。

还有黄奕雯、顾任思雨、顾皓宇……

在这里，我们不需要你的嗓音有多么美妙，你的朗诵技巧如何熟练，只要你愿意和小伙伴们一起分享朗诵的快乐，只要你有勇气拨打《YOYO少儿节目》的热线电话，你就有可能成为下一个来录音的孩子。

每周三的晚7点，在电台十二楼的直播间里俯视外面，是热闹的环西文化广场，是车如流水灯如昼。而室内，是静静流淌的电波，是孩子们稚嫩的声音。这一刻，真的，我们觉得是一种享受。

这档“空中国学课堂”从春季走过夏季，又走进了秋季。在播种、收获的轮回中，我们一路走来，随手收藏一些趣事，等到以后，某个夜深人静的时刻，偷偷地乐一回。

教学心得之参考书的选择

学堂即将开授《诗经》，作为老师的教学参考书，我们开出两本：《毛诗正义》和王力先生的《诗经韵读》。而对于其他有关《诗经》的注解书，尤其是当代出版的作品，我们建议仅作辅助阅读，不作教学依据。

学堂自开办以来，先后诵读了《大学》《中庸》《论语》，其教学参考书不外乎朱子的《四书章句集注》及《论语注疏》。此次《毛诗正义》应说是坚持了这一传统：以经典解释经典。

以经典释经典，这要求老师必须有阅读文言文的能力，这也是一名国学老师（塾师）的基本要求。

以经典释经典，还是由我们传统文化自身体系所决定的。蒋庆先生的《以中国解释中国——回归中国儒学自身的解释系统》一文，我颇为赞同，现摘录如下：

以中国解释中国，以经典解释经典，就是用中国固有之思维方式来理解经典。国学，我理解为包括三个层面的内容：第一，是知识体系。如四书五经、唐诗宋词等；第二，是一种思维智慧，是中国人的行为方式；第三是它的核心价值观，如天人合一、和而不同等思想。因此，用经典解释经典，即是在第一层面学习的同时，自然地上升至第二个层面。这是实现我们教学理念“从经典中学习自强的力量、兼容的气度、灵变的智慧，使之具有优雅的情怀和出色的文才”的必经途径。只有如此教学，才可以称为国学教育，让我们的孩子从自然的、生物学上的中国人，成长为自觉的、文化意义上的中国人。

以经典释经典，还是历史的选择。近百年来，中国传统文化式微，经典被有意、无意地曲解。虽然从20世纪末开始，各种读经班如雨后春笋，但是也必须承认，如我们这样的国学老师，自身就生长在一个传统文化教育缺失的大环境中，本身对于国学经典就是陌生的，甚至古汉语都不过关，如何能够承担起科学、透彻、准确、生动地给学生讲解儒学经典的任务呢？如果不想仅仅是一名“保姆式”的“读”经老师，就必须“补课”，先提高自己的学识修养，才能承担起传承传统文化的重任。而以经典释经典，可以让我们这样的老师减少教学偏差，不误人子弟。可以说，以经典解释经典，以中国解释中国，是学堂老师应具备的一项业务技能。

当然，开出教学参考书，也只是供老师辅助教学使用的，对孩子来说，还是以诵读为主，说解不过是在课堂上给孩子调剂一下的手段。

学子练笔篇

“诵读经典，感悟成长”主题征文小集

2011年3月15日，由教育部语言文字应用管理司主办的“诵读经典，感悟成长”主题征文在全国中小学中举行。征文以《我学×××（经典作品）的故事》《母亲》《我的经典启蒙教师》《家乡的春节（清明节、端午节、中秋节、重阳节、国庆节等）》等为题，旨在鼓励和引导中小学生在诵读、书写、讲解等学习中华经典的过程中，用文字记录下所思、所感、所悟。

学堂的孩子们参加了各自学校组织的征文活动，非常荣幸，我代表刘老师、李老师等全体义工老师成了孩子们笔下的主人公，在分享他们感悟的同时，也感动着他们的文字。“我长大了一定要像她一样做个推广中华文化的有心人”，亲爱的孩子们，其实不用等到长大，你们此时已经和老师一起在推广传统文化了。因为你们诵读经典，本身就是传承传统文化的一次生命实践。

现将孩子们的文章结集发出，和所有关心他们的朋友们分享。

我的经典启蒙老师

虹桥二小三（3）班　顾梓潆

3年前的夏天，妈妈带我来到少儿书店听义工老师诵读《弟子规》，我一头的雾水，什么叫“弟子规”？带着疑惑，我认识了

我的经典启蒙老师——胡老师。

胡老师带我们诵读了《弟子规》这部启蒙读本，它让我们懂得了应该如何孝敬父母及一些做人的道理。《弟子规》中的“父母呼，应勿缓。父母命，行勿懒”，让我知道了父母叫我，我要马上答应；父母让做的事，我要完成，不能偷懒。妈妈夸我：“孩子每天读经典，学到了不少做人的道理。“父母教，须敬听”，意思是：当父母教育我们时，我们应该认真听。“德有伤，贻亲羞”，意思是：当我们的品德不好时，父母会觉得很丢脸……通过诵读《弟子规》，学习先贤和圣人的做法，我知道了自己存在的不足，以后我一定要做到：父母叫我时要立即答应；父母教育我时，要耐心认真地听；当父母批评我的缺点时，再也不能像从前那样跟爸爸妈妈顶嘴了。“亲有疾，药先尝。昼夜侍，不离床”，读了这句话我懂得了关心父母，妈妈生病后我为她端药。“百善孝为先”是我们中华民族的传统美德。

随后的两年里，在老师的帮助下，我相继读了《中庸》《大学》《论语》等经典作品。每年的传统节日胡老师都会讲跟节日有关的风俗，还组织民俗活动让我真实体会中国传统文化。我的读书兴趣也越来越浓。胡老师还教了《笠翁对韵》，我对对对子非常感兴趣。弹指一挥间，我爱上经典已经有3个年头了。

我感谢胡老师，是她带我走进经典文学殿堂。读圣哲之言，体圣哲之心，发圣哲之语，让我知道了中国文化博大精深、源远流长！我为我是中国人而骄傲！

家乡的春节

通师一附三（1）　戴畅宇

俗话说“百里不同风，千里不同俗”。我的家乡在美丽的南通，它有着中国近代第一城的美誉。在这里，春节也有独特的风俗。

过春节从腊月二十三小年夜就开始了，人们七手八脚架起蒸笼，蒸年糕，蒸馒头；开起了油锅，炸肉圆、虎皮肉排骨……忙得不可开交。除夕将近，家家户户开始大扫除，而且都打扫得干干净净、整整齐齐、一尘不染。

随着除夕的来临，年味就更浓了。上午，贴春联、贴福字。在乡下，人们还在门檐上贴红绿招财。这一切都是为了祈求来年吉祥如意、福多财旺，表达了家乡人民对来年美好生活的向往。中午，开始祭祖，长幼依序跪拜。这充分体现了家乡人百善孝为先的传统美德。夜晚，最热闹、最快乐的时刻到来了：吃年夜饭、看春晚、守岁、放鞭炮烟花。只听那“噼里啪啦”的鞭炮声连绵不绝；五彩缤纷的烟花在“砰砰”声中绽放出千姿百态的花朵，点亮了美丽的夜空。人们的脸上洋溢着幸福的微笑，真是“爆竹声中一岁除，春风送暖入屠苏。千门万户曈曈日，总把新桃换旧符”。

正月初一，我们一大早就要吃圆子、豆腐、荠菜、青菜汤，而且每样都要在碗里留一些，寓意团圆、富有、年年有余。这一天，人们要给长辈拜年；给孩子压岁钱，防年兽；还要说吉利话；还不能扫地，表示不散财。

正月初二，嫁出去的女儿们纷纷回家拜年。她们带着小礼物，大包小包的糖果点心等，礼轻情意重，表达了对父母的思念与感激之情。

元宵是新年的尾声，要放烧火、闹花灯、走三桥。正是“东风夜放花千树，更吹落星如雨，宝马雕车香满路。凤箫声动，玉壶光转，一夜鱼龙舞”。

吃完元宵，春节就算过去了，我也长大了一岁，祝愿家乡更加美丽富饶，祝愿祖国更加繁荣昌盛！

我的国学启蒙老师

城西小学二（3）班　宗秋月

她弯弯的头发，戴着一副眼镜，她总是对着我们微笑，非常的和蔼可亲，她是谁呢？她就是我的国学启蒙老师——胡老师。

“弟子规，圣人训，首孝悌，次谨信……”这是我们教室里传来的朗朗读书声，是胡老师在带我们读《弟子规》呢！老师让我们用手指着读，说这样就可以把不认识的字都认识了，读好了。老师告诉我们这些话的意思，说这本书是根据孔子的教诲而编成的生活规范，让我第一次知道了有孔子这个圣人，还教我们在生活中要孝敬父母，告诉我们如何做人的道理。胡老师不是教我们如何改正错误,而是教我们如何不犯错误。下课时，老师就会说“列典籍，有定处，读看毕，还原处”，让我们立刻学之用之。

随后，胡老师还教我们《大学》《中庸》《笠翁对韵》，现在在学《论语》。讲论语时，胡老师还让我们对照《弟子规》：“弟子入则孝，出则弟，谨而信，泛爱众，而亲仁。行有余力，则以学文。”“有子曰：‘其为人也孝弟，而好犯上者，鲜矣；不好犯上，而好作乱者，未之有也。君子务本，本立而道生。孝弟也者，其为仁之本与！’”胡老师就是这样让我们反复地学习，深刻地记忆。胡老师就是这样教我们做君子的。

胡老师的课非常有趣，不是单讲很枯燥的知识。教我们《笠翁对韵》时，让我们说平仄、对对子，还组织男生和女生比赛，课堂气氛非常活跃，有时还会出难的对子让我们回家对呢！每到节日的时候，胡老师就给我们讲它的民俗，让我们了解民俗文化，节日那天，还要给我们开展活动呢！我也更喜欢上胡老师的课了。“学而时习之”当然“不亦说乎”？

后来，听说胡老师是义工。我问妈妈什么是义工，妈妈说："是义务教学，不拿工资的。"我们的胡老师就是这样用自己的言行教导着我们。

我爱学国学

通师二附二（10）班　张徐祎

"子曰：'学而时习之，不亦说乎？有朋自远方来，不亦乐乎……'"一阵阵朗朗的读书声从我们国学班传来。国学班有一个响亮的名字——知止堂。知止堂是由一位热爱国学的妈妈，为了孩子学习经典文化而创办的，所有的老师都是义工，他们利用休息日给我们义务讲课。

每个星期天下午，我怀着快乐的心情参加国学班。老师让我们大大小小三四十个孩子伴着古筝曲齐声朗读《弟子规》《论语》《笠翁对韵》，读得好的话，还可以像个小老师一样领读呢！国学班的胡老师可疼我们了，怕我们读久了累，中途还给我们讲《二十四孝》的故事，好让我们边听边休息。

《弟子规》一句就三个字，很快就会背了，可是有些话我还不懂什么意思。有一次爸爸在外面酒喝多了，醉得像一摊烂泥巴，被两个叔叔连搀带扶送回家，在家门口画了几个"八"字怎么也进不了家门。我觉得又心疼又好笑，突然明白了《弟子规》里的一句话。第二天，我对爸爸说："年方少，勿饮酒，饮酒醉，最为丑！"爸爸抱着我，在我脸上狠狠地亲了一口。《论语》是孔子和他的弟子们的对话，让我知道了做人的道理，心胸变得开阔多了。偶尔，小肚鸡肠的时候，仿佛听到孔子在我耳边喃喃地说："君子坦荡荡，小人常戚戚。"最优美的就数《笠翁对韵》了，它平仄相对，读起来朗朗上口！国学经典像甘甜的雨露滋润着我的童年，像温暖的阳光陪伴我茁壮成长。

我的经典启蒙老师

通师二附一（1）班　张明浩

在我才上幼儿园中班的时候，妈妈就拉着我的手，到南园社区上国学班。国学班的胡老师戴着一副眼镜，温柔又慈爱地拉着我的手，从此以后，我就跟着老师诵读《弟子规》《大学》《中庸》《论语》《笠翁对韵》等传统经典篇章。虽然，经书上讲的很多东西，我还不明白，但胡老师总是和蔼地说："孩子们，用手指，跟我一起读。"一遍又一遍，不知不觉，历经3个寒暑，这些文字已经深深地印在我的心中。胡老师还给我们讲《二十四孝》，我被这些故事深深地吸引住了。这些故事让我明白，应该孝顺父母、尊敬师长。胡老师还利用假期，给我们排《我们的节日》《弟子规》等传统节目。我们穿着汉服，登上过濠滨夏夜的舞台，参加过南通电台的直播。胡老师还按照古礼，带领我们度过每一个难忘的传统节日，比如端午节、中秋节、元宵节…… 这些活动增强了我的胆识、开阔了我的视野，也让我懂得要珍惜我们优秀的民族文化。作为一名中国人，我为拥有这样悠久的传统文化而自豪，也为此更加热爱我们的祖国。

我喜欢国学班，我更敬爱胡老师。

我们的节日——春节

通师二附一（6）班　帅鑫阳

我们的节日有春节、元宵、清明、端午、七夕、中秋……

我最喜欢春节，因为春节又叫过年。年呀，以前是一头怪兽，它见了什么都吃，但是它有三怕：一怕红色；二怕火；三怕响声。所以在"年"到来的那天，人们就会贴春联，点篝火，放爆竹。除夕大家都要守岁，就是要等"年"来。如果"年"没有来，大家就说："过年好啊！""过年好啊！"这只是一个传说。

古时候的人要贺拜，就是拜年，拜年有红包。我收了好多好多红包，有爸爸妈妈给的，有爷爷奶奶给的，还有阿姨给的……

过年还要放鞭炮，烟花像小精灵似地一会儿东一会儿西，还会乘你不注意时"砰"地一声爆炸。

最高兴的是我又长大一岁了！

过年真好啊！

我学习经典的故事

通师二附一（6）班　帅鑫阳

在幼儿园中班的一天，听妈妈说要把我送进国学班读经典。我是第一次知道国学班，所以很陌生。

我们的老师是胡老师，她教我们读《老子》《中庸》《大学》，她要我们用手指着读，再让我们领读。我慢慢地熟悉了国学，也慢慢地学到了知识。

在课后，胡老师经常给我们排练节目《弟子规》《我们的节日》，不久前还排演了小小剧《理想》。不管是炎热的夏天，被蚊子咬，汗如雨下；还是寒冷的冬天，被刺骨的北风刮着，我们都依然坚持。最终，我们登上了濠滨夏夜的大舞台、更俗剧场的大舞台，小小剧《理想》还得了一等奖……

通过学习国学经典，我明白了要尊敬长辈，帮助同学，热爱劳动……

我爱经典，我爱国学！

我的国学老师

城中小学一（5）班　李骥昀

我的国学老师叫胡晖瑩，她瘦瘦的，肩上喜欢背一个黑色的包。她高高的鼻梁上架着一副眼镜，头发黑黑的。

我是3年前认识她的，那时候，我什么都不会，连“一二三”都不会写。自从上了国学班，我认识了好多字。胡老师教我们学习经典，比如《论语》《大学》《中庸》。她还教会我们平仄，和我们对对子，给我们讲《弟子规》《笠翁对韵》，还有《二十四孝》的故事，教我们学做人。

胡老师上课很认真，每次上课她先叫我们读三遍书，然后给我们解释含义。两年前刚上国学班的时候，我都不敢举手领读，现在我都能独立朗读了。在知止堂里，我们还体验了很多中华民俗。比如清明节，我们不仅学习清明的故事，还去扫烈士墓、拔河、做柳叶饼，感受南通民间传统。再比如，端午节的时候，胡老师带领我和学堂的同学们举办端午祭和爱国主义诗词朗诵会，让我们从小就知道纪念爱国主义诗人屈原。这样的活动，也让我了解了很多的汉民族文化。

我非常感谢胡老师教给我的中华经典文化知识，我也被她办义工学堂的事情感动，我长大了一定要像她一样做个推广中华文化的有心人。

我学国学诵读经典的故事

城中小学一年级（8）班　易铭逊

我在上幼儿园中班的时候就参加国学班的学习，主要学习国学诵读经典。

刚开始奶奶抱着试试看的态度带我去听了一节课。我对诵读经典非常感兴趣，就报名参加了。我弟弟也一起报名参加了国学班。下课时我就和他一起玩，放学时一起回家。我们的老师是胡老师，她组织我和我弟弟还有其他同学去环西文化广场参加濠滨夏夜的表演活动。我们已经参加了两次，第一次表演的是《弟子规》，第二次表演的是《我们的节日》。不管是在炎炎的夏日还是在大雪纷飞的冬天，我们都坚持排练。功夫不负有心人，在表演时我们发挥了各自最好的水平取得了最好的成绩，为我们国学班争得了荣誉。

通过国学班的学习，我认识了许许多多的朋友和以前不认识的字，也知道了很多做人的道理。

2012 年

（壬辰年）

民俗活动篇

又到年底话年俗

又到年底了，随着年的脚步越来越近，孩子们对过年的期盼也越来越浓烈。我们中华民族的新年有什么习俗呢？我们的新年一直是正月初一吗？元旦和新年是一回事吗？新年为什么又叫“春节”……不知道有多少“为什么”会萦绕在孩子们的心上，于是每年年底，和孩子们聊聊我们中华民族的新年文化及风俗也成了我们的必修课。

1月14日下午，我们开始了今年的团团圆圆过大年的活动。与往年不同的是，来自南通中学西藏班的哥哥姐姐们也和我们汉族的小弟弟小妹妹们坐在一起，一起感受汉族的习俗。活动现场还有来自南通电台103小记者团的同学们。一百多名孩子坐满了教室，那份热闹就别提了。当然，我们还要特别感谢北濠东村社区的阿姨们，为了让孩子们玩得开心，她们早早地就把准备工作做好——把糯米屑和好，分成20份，好让孩子们一上来就可以大显身手。搓汤圆，光有孩子还不行，现场还有不少家长担任志愿者，协助孩子们完成这项伟大的工程。

搓好汤圆，社区的阿姨们又忙着为我们煮熟，让我们享受一下自己的劳动成果。在等待的工夫，我们开始了“华夏新年民俗知识趣味讲座”，FM103《YOYO少儿节目》小树姐姐为这次活动提供了奖品——精美的103频率主持人台历。这上面当然有孩子们的“偶像”小树姐姐的照片，所以嘛，这台历的受欢迎程度可想而知。

不仅孩子们积极参与，讲座也吸引了不少家长，贯穿其间的趣味问答都与南通人过年的传统习俗有关。奶奶们当然是“专家”，总在最关键的时刻给出最具权威的标准答案。

在热热闹闹的掌声中，我们和孩子们掰着手指，从腊月二十三一直讲到元宵节，这些大大小小的节日串成我们中华民族的新年华章。

庭燎、屠苏酒、五辛盘……
这正是我们要追寻的，华夏民族流失的
新年节物与风俗
那是一片
我们并不熟悉
但又
清新华美的神奇景象
上古的鸾声啊将辉映着点点的庭燎之光
爆竹照亮了神荼郁垒的身影
桃木芬芳，椒柏酒暖，斗柄东回，淑气氛氲
贴春联、放爆竹
还有祭祖，还有贺拜
新年就是礼，礼就是谦敬中和
华夏民族的新年啊，就是从崭新的衣冠和环珮下飘出的
礼仪华章

闹元宵——壬辰年元宵

虽然2012年的元宵节是雨打灯，可是依然阻止不了孩子们闹元宵的兴奋劲儿。晚7时，在北濠东村社区里，来自电台103小记者团、通师二附三（1）班及知止堂的孩子们在家长的陪伴下，如约前来，参加“灯树千光照，明月逐人来”元宵节民俗活动。一起参加活动的还有南通义工联的义工、社区居民及热爱传统文化的朋友们。这也是我们连续举办的第四次元宵节民俗活动了。

“正月半，二月半，放烧火；人家的菜才在栽，我家的菜上了街……”烧火放起来，孩子们用南通话念起世代相传的童谣，清脆的童音响彻夜空，勾起了长辈们对元宵节的回忆，现场有不少家长也随着孩子们的节奏一起念起来。

老南通人都知道，再好看的花灯也比不了兔儿灯，我们小时拉的都是纸做的兔儿灯。不知道是为了满足孩子们的兴致，还是想找回童年的感觉，社区陈爷爷特意扎了一个1.5米的大兔儿灯，这是今晚的“大明星”，陈爷爷也在孩子面前风光了一把。

在今天闹元宵的现场，有两位朋友特别引人注意，他们是来自澳大利亚的Karen女士和来自加拿大的Michael先生。Karen女士在南通中学教授英语，她来南通才半年，对中国文化充满好奇，尤其是对我们的放烧火仪式特别感兴趣。虽然她听不懂孩子们用方言说些什么，但是从她的表情中可以看出喜悦与兴奋。火崇拜是人类孩提时代的共同信仰，南通的放烧火可以说是火崇拜的孑遗，虽然我们的语言不同，但是我们都有着共同的、关于火的记忆。她说，澳大利亚的节日和宗教有关，而中国人的节日与自然有关，这是她对中国文化印象最深的地方。

随后，她还在我们的诗会上表演了一段澳大利亚的传统民谣，为孩子们的诗赛助兴。

既然是诗赛，那一定要有评委，评委就是今天围观的家长与参加活动的朋友们。他们认为哪位小朋友水平高，就把手中的小灯笼送给哪位小朋友。当参加活动的孩子拉着家长的手，提着花灯，从北濠东村二桥走过，为家人祈福时，元宵节民俗活动也在这“走三桥”的仪式中结束了。大家期待明年的元宵，我们再一起用这温暖的形式留给孩子们一段关于元宵节的记忆。

壬辰年清明记

三月光阴槐火换，两分消息杏花知 / 华夏大地上，元日对联上的字迹早已在春雨中模糊 / 如果没有慎终、没有追远 / 如果丢失了绵山叠嶂里的介子推的故事 / 如果凝固了杨柳春风中摇曳的秋千 / 如果失落了杏花春雨的诗性信仰 / 春光将会不再，我们失去的不只是寒食、清明 / 我们失去的是，心中的华夏 / 没有，我们没有忘记 / 一个民族朴素的道德情感 / 和跨越数千年的坚守 / 这是华夏的第一祭日

——题记

又是一年清明，下午学堂部分师生、家长及朋友近 50 人相约来到钟秀革命烈士陵园，举行纪念活动。

这项活动在有些人看来，是红色活动、政治活动，一般都是单位组织的，属于“被参加”的一类。但是在知止堂，今天的活动是自愿报名参加，没想到有这么多家长支持，更没有想到，到中午，还有家长打电话来询问，不是学堂的孩子能不能参加这项活动。接下来的意外就是从这个询问电话开始的。

仪式之前整理衣冠时，易铭逊奶奶帮着孙子整理衣服，也许有人会觉得是不是家长太操心了，这个应该让孩子自己来。在平常，我也赞成这个说法，但是在今天，我觉得这位奶奶先给孩子上了一堂课——我们应该用什么样的态度来参加纪念活动。家长们不但提醒着孩子，也相互提醒着，“帽子摘下”“把风筝放下”……

仪式结束后参观革命先烈事迹展。偌大的展厅，一下子涌进来这么多人，却非常安静。就连平时上课时的“说话大王”此刻也选择了沉默。孩子们排着队，静静地听着解说，动情处轻轻地发出一声赞叹。之前，听孩子们说他们的学校也组织大家来过。那么，听这样的故事对孩子们来说，不是第一次了，可是他们依然听得非常认真。这说明了什么呢？看到队伍后面的家长，我想我猜到了答案：家长们默默地跟在队伍后面，没有聊天，没有拥挤。身教胜于言教，在这种肃穆的气氛中，孩子们也变得非常懂事了。

走出陵园，春风微醺，孩子们来到社区。清明节兼有节气与节日两种“身份”，兼有肃穆与欢乐的两种情感氛围。从起源和形成的角度看，清明节是“清明”节气、寒食节、上巳节三者融合而成的节日。社区已为孩子们准备好了清明节的特色小吃——柳叶饼，南通人称为“杨柳青”。南通中学西藏班的学生们也赶来一起分享美食。

谁言寸草心，报得三春晖——中华母亲节朗诵会

4月22日，农历四月初二，是中华母亲节。

中华民族具有悠久灿烂的伦理文明，是非常重视亲子之情和仁爱之心的民族，孕育出许多伟大而且很有影响的母亲形象。

回眸中华民族的历史，孟子母亲仉氏是最突出的中华贤母形象，在孟子 3 岁丧父后，她就承担起教养孟子的全部责任。“孟母三迁”“断机教子”的故事传颂了 2000 多年。从孩子成长的外部环境到学习的内部规律，她都注意到了，终于使孩子成了大器，她自己也成为教育子女的母亲典范，被誉为“母教一人”，至今仍传为懿范。孟母堪称中华母亲节的形象代表，彰显了母亲的伟大和母爱的伟大，激励一代代母亲，激发作为人子的爱心、孝德。

生儿育女是为人母之始，以孟母为旗帜的中华母亲节选定在孟母生孟子之日（农历四月初二），因为这一天仉氏才成为孟母。现在有些孩子过生日只想到自己的快乐，而在传统美德中生日应当感激母恩，因此称生日为“母难日”，或称“母难”。把孟子的生日定为以孟母为形象代表的母亲节，意味着在庆祝自己生日时应感激母恩、感谢母爱。

不同文化的母亲节形象代表有不同的文化个性，流淌着自己民族文化的血液，承载着自己民族的民族精神。我们理应有自己的中华母亲节，一个充溢中华民族优秀文化内涵和民族精神的中华母亲节，而不是外来的母亲节，是中华民族伟大复兴的需要。维系中华文化血脉、培育中华民族精神，更需要自己的中华母亲节，这也是为了维护中华文化的主体性。

为此，知止堂义学和实验中学、北濠东村联合举办“谁言寸草心，报得三春晖——中华母亲节朗诵会”，用声音来表达对母亲的感激之情。

朗诵会在 14 名孩子齐诵《游子吟》中拉开了序幕。这些孩子来自紫琅职业技术学院、实验中学和知止堂，最小的孩子才上小小班，今年 4 岁。年龄跨度从幼儿园一直到高职，很是“壮观”。

学堂已举办过多场朗诵会，这次是水平最高的一次。来自实验中学的初中生自然不必说，就连我们的小学生也不差。他们在情感表现及语气、声调的控制上已有一些样子了。希望他们下次能脱稿，并加上表情与肢体语言，那就会更好。

听孩子们朗诵古今中外赞美母亲的篇章，心灵沐浴在母爱的伟大之中，相信孩子们一定会被自己的朗诵感动。但是只把母爱教育放在一年中的某一天是不够的，我们希望通过这样的活动，让孩子们在准备节目的过程中得到自我教育；希望通过这样的舞台，让他们记住今天，记住母爱；更希望有更多的孩子能参加活动而不仅是做一名观众，因为观众的体会一定没有演员深刻。

为了给孩子们一个像样的舞台，我们的家长也非常积极。高鹏飞妈妈、黄缪嘉禾妈妈提前一小时到达现场布置背景墙。陈嘉仪妈妈、朱燕龙爸爸，还有很多家长和我们一起布置、整理场地。还有肖杰妈妈，得知我们没有找到中华母亲节的节花——萱草，就在网上订购了仿真花。看，整台朗诵会，话筒上一直跳跃着那幸福的黄色。还有火柴头的义工朋友们也来给孩子们帮忙……

把四月初二定为中华母亲节，其实有两层深意：一是为了教育年轻一代感念母爱；二是让母亲学习、感悟贤母品质，更好地培养下一代。而今天，我们现场的孩子和家长们用行动诠释了中华母亲节的内涵。

壬辰端午：祭屈原、诵诗文、品食俗

6 月 23 日，端午如约而至，这也是我们连续举办的第四次端午民俗活动。年年岁岁流程相同，不同的是参加的人员。

学堂的孩子换了一批又一批，这里有连续 4 年参加的孩子，也有第一次参加活动的孩子；实验小学和我们共同开展过多场传统文化活动，这次派出了120人的庞大队伍；南通中学30名藏族学生也赶来体验汉民族的民俗，虽然我们民族不同，但是对屈子的敬仰之情应该是相通的；还有市一中高二的学生，临近期末考试的紧张时刻，也一起来参加纪念活动。这也是从2008年以来，参加民俗活动人数最多的一次，近200人。

这次活动也得到各界领导的关心与支持，南通市少数民族联谊会会长杨益清、张薇丽，共青团崇川区区委吴乃顾副书记等来到活动现场，观看了仪式。

起源于上古的“夏至节”，殷商之岁首日的端午，后来随历史之变迁，屈原、伍子胥、曹娥等事迹都因“五月初五”而有所增附，逐渐丰富了这个古老的传统节日内涵。对孩子们来说，关于端午的最多记忆是和屈原联系在一起的。为了表达对屈原的崇敬之情，孩子在濠河边依传统礼祭拜屈原。

5月正值“恶月”，蚊虫孳生，病邪流行，禳解灾邪是端午节第一大主题。在结束祭拜仪式后，我们来到社区，进入下一个环节：舌尖上的端午——南通端午食俗体验。

饮雄黄酒

雄黄酒是用雄黄粉泡制的白酒，一般在端午饮用。作为一种中药材，雄黄可以用作解毒剂、杀虫药，古人认为能克蛇、蝎百虫。

中国神话传说中常出现用雄黄来克制修炼成精的动物情节，如白蛇传。所以人们通过饮雄黄酒，希望能避邪、不生病。除了饮雄黄酒外，南通人还会用雄黄酒在孩子头上写“王”字，希望如此能使孩子不受蛇虫的伤害。

雄黄不同于一般中药材，加热到一定温度后在空气中可以被氧化为剧毒的三氧化二砷，即砒霜。当然，不必紧张，我们一来没有加热氧化；二来，雄黄是微溶于酒精的，我们只是象征性地尝点，完全不会有危险。

吃五红

在我国江南很多地方，端午节除了吃粽子还要吃“五红”。据说端午节吃了这五红，整个夏天就可以辟邪避暑了。“五红”是指哪五种菜呢？各地的“五红”并不一样。这一天，各地都根据当地容易获得的食物来源，寻找5种煮熟后呈红色的食品。这些食品的共同要求是：时尚新鲜，大众容易获得。

我们今天的“五红”是：红烧肉、虾、红苋菜、西红柿和咸鸭蛋。

如果说以上是端午节的“共性”，那下面这个习俗只属于我们南通人。

吃和菜

明朝嘉靖三十三年起，倭寇连续5年端午节来袭（已毁的狼山《平倭颂》有记载）。到嘉靖三十八年（公元1559年）的端午，再次来犯。此次有倭寇兵船1000多艘。“倭连艘数千余入寇，破通州副总兵于水上。”

因明官军战败，为了护乡保家，通州城中的男子紧急自发集合，组成义兵，准备代替官军而舍命抵抗。仓促之下，伙食不备。同仇敌忾的通州人家家出菜，混合炒后供抗倭义士充饥。这一战自然十分悲壮，但阻止了倭寇攻入城中，后来这批倭寇的一部分被来援的明军歼灭于今天的海安。

此后，每逢端午，人们依旧炒和菜以示同心，并祭奠当年阵亡的义士。这充满了团结精神、至上公义和爱国主义的乡风民俗延绵至今。

今天，当我们再一次在端午品尝这道菜时，全体起立，为当年的义士默哀。端午，因为有了屈原和这些义士，让我们觉得除了节日的娱乐外，还多了一份沉甸甸的情感。

壬辰七夕：魁星文运祝圆梦

农历七月初七是我国传统节日七夕节，除了众所周知的牛郎织女故事外，今天还是魁星的生日。魁星文事，想求取功名的读书人特别崇敬魁星，所以一定要在七夕这天祭拜，祈求他保佑自己考运亨通。魁星爷就是魁斗星，廿八宿中的奎星，为北斗七星的第一颗星，也称魁星或魁首。古代士子中状元时称“大魁天下士”或“一举夺魁”，都是因为魁星主掌考运的缘故。

为弘扬民俗文化，还原中国传统本色，赋予传统节日丰富文化内涵，共青团崇川区区委与知止堂义学于七夕晚 7 时，在中心美术馆举办“魁星文运祝圆梦”七夕主题活动，为学子送上新学期的祝福。

人文七夕节，从经典连诵开始。黄奕雯、顾任思雨、高鹏飞、丁白玲、季铭扬、杨知非 6 人的朗诵让现场的大朋友小朋友顿时安静下来，大家都静心聆听孩子们用自己的情感演绎的那些经典。

顾任思雨的古筝独奏带来古典的意韵。她可是我们“小小小剧社”的小才女。剧社学器乐的孩子很多，像吉他、萨克斯、小提琴、电子琴都可以拉出来演。而古筝能入选是因为在上月剧社成立仪式上，孩子们展示才艺时，她是唯一穿着演出服，并在节目的开始、结束时都不忘向观众敬礼的演员，这说明她有很强的舞台意识。她的入选也是想告诉其他孩子，不要小看身边的每一个机会，认真对待，才会有大的空间。

顾任思雨的演出非常棒，现场的小朋友忍不住直接走上舞台进行围观。更有甚者，在她演奏时还把手放到她的筝上，害得老

魁星文运祝圆梦

师只好演“黑脸”，让家长把这些热情的粉丝请下来。

下面这个节目可是我们“小小小剧社”今夏鼎力打造的巨作《屈原》。这个节目曾在端午节第一次公开亮相过，这是第二场。为了迎合七夕，我们还对开头结尾做了调整，比如时间变成七夕，地点改成中心美术馆……这一改也使该剧成了“通用版”。

这个节目可是“明星”云集，“小小小剧社”的陆徐东、易铭逊两位社长领衔主演，剧社另一位才女黄奕雯在剧中扮演老师，有着丰富舞台表演经验的周洋、高鹏飞加盟，还有新秀顾皓宇，他们出色的演出让下面的家长们眉开眼笑。

除了我们的节目外，中心美术馆书法班的小朋友也现场表演了书法秀。暑期挂职锻炼的大学生也带来了吉他弹唱。还有暑期在学堂做义工的，来自南通中学的茅雪纯为大家带来一首英文歌曲《Someone like you》。

除了精彩的文艺演出外，现场还精心准备了应景的小游戏。

现场秋闱。古时秋闱是3年一场，我们一晚却开了几场，由孩子们根据所学课本内容出题，大朋友回答。答出题的“举人”都得到了一份奖品。

乞巧大比拼。都说心灵心巧，所以七夕节女性朋友们少不了向织女乞个巧。临时组成的一队队选手比赛，看谁能第一个把线穿过这七根针，不管比赛有没有获得名次，参加的“巧姐”们都拿到了礼物。继续开心吧。

击鼓取功名。我们用桂圆、榛子、花生分别代表状元、榜眼和探花，用击鼓传花的方式选出今晚的幸运儿。明眼人一定会看出这里面有熟面孔。当然，这可是在全体家长、工作人员的监督下进行的阳光操作，只能说是我们的孩子太幸运了，6人中有5人来自知止堂，其中4人还参加了今晚的演出。

活动最后，孩子们把写着新学期心愿的卡片贴在背景墙上，为即将到来的新学期加油。

壬辰中秋：汉藏儿女共团圆，扎西得勒中秋节

有朋自远方来，不亦乐乎？

9 月 30 日下午，当来自雪域高原的藏族学生与我们共度壬辰年中秋佳节时，这个汉民族的传统节日也变得别有一番风味。

参加活动的有南通中学西藏班师生、实验中学的部分师生、学堂的部分孩子和家长、还有社区的工作人员，合计 100 多人，成为我们历次中秋活动的人数之最。

自制月饼，守望月光。说到中秋，一定少不了月饼。月饼是用来做什么的？孩子们响亮地回答：“吃——”这才是我们组织这场活动的真正用意。我们想让孩子们明白：与其说月饼是“中秋食品”，不如说它首先是“中秋祭品”。月饼是奉祀月神的祭品。人必须在月神“享用”祭品之后才能吃，神主享用后，祭者以“馂”的环节结束整个祭祀礼仪，从祭月到分食月饼，是汉民族祭祀礼俗的完整环节。华夏祭礼的要义在于“诚”与“敬”，月神并不要求多么丰富和豪华的食品敬献，关键是祭拜的人内心是否真正具有诚意和敬意。我们的民族已淡漠了敬畏的意识，月饼已经完全异化为纯粹的中秋食品和礼品。买来就吃，迎来送去，祭月的意识荡然无存。而近年来流行的所谓“天价月饼”，几千、几万、十几万……月饼的奢华已经登峰造极，天价月饼完全成为富豪炫耀的符号和腐败滋生的温床。当我们再重温华夏祭祀之义“礼，与其奢也，宁俭”“凡祭，主于尽爱敬之诚而已”，我们不难发现，天价月饼严重违背民族祭祀文化本义，是对中华中秋节日文明莫大的羞辱。

而当我们自己动手做月饼时，在不知不觉中，我们又回到了

传统。非常感谢成珺妈妈、周洋妈妈，她们提前把做月饼的材料——面与紫薯馅准备好，这可是花了大工夫啊！尤其是紫薯馅的准备，从买到洗、蒸、去皮、捣碎、凉透、加油糖拌匀、炒熟，所花的时间远远大于我们做的时间。月饼做好了，妈妈们拿去烘烤，而我们则留在教室里欣赏来自南通中学格桑花艺术团的精彩演出。

浓郁的西藏风情深深地吸引了汉族的大小朋友们。民族的就是世界的，也只有民族的才具有交流的意义，在他们的精彩节目之外，留给我们更多的是思考：我们该如何保护传承好自己的文化？

学堂“小小小剧社”的孩子们也多才多艺，节目可谓多元：有传统的古筝演奏，还有西洋的吉他、萨克斯；文的是唱歌，武的是武术。这也让藏族的哥哥姐姐们羡慕不已。还有更多精彩，就让我们一起期待明年吧。

文艺演出篇

《经典连诵》为团组织风采展添彩

2012 年 5 月 20 日上午，和平桥街道“四新团组织风采展”在侨鸿国际广场举行。虽然活动的主角是大哥哥大姐姐们，但是知止堂的孩子也接到了邀请，要在这舞台展示我们小小的风采。

今天的演出，有一半的孩子是第一次代表学堂登上舞台，但是第一次亮相就让老师非常满意。真是孺子可教也！其实这次演出的成功，要归功于他们平时打下的基础。在课堂上，积极举手要求领读的少不了他们，也许就是因为对读书感兴趣，使他们的语感和对文学作品的领悟能力也悄悄得到了提高。

虽然有了平时的基础，但是排练时的辛苦也少不了。19 日晚，大雨，孩子们按时来到社区排练。特别值得表扬的是那些新人，第一次参加排练，老师的严厉让他们有点不知所措，吓得都不知道在舞台上怎么迈步。不过，在老师一次次的“再来一遍”声中，他们很快进入了状态。不娇气是对他们最深的印象，有这份精神在，他们也一定能登上更大的舞台！

穿越剧《端午情思》参加 “我们的节日·端午”广场演出

2012年6月20日下午，由中共南通市市委宣传部、南通市文明办、南通市教育局等单位举办的南通市“我们的节日·端午”主题系列活动启动仪式在环西文化广场举行。学堂新排的穿越剧《端午情思》也参加了此次演出。

“穿越”是时下比较火的词，如果有一天，屈原先生穿越到今天，你会和他说些什么呢？《端午情思》讲的正是一群孩子遇到穿越而来的屈原先生后，和屈原先生的一番对话，一番与“理想”“传承”有关的对话。

5月底接到演出通知，在20多天的时间里，我们完成了剧本的创作及排练，并顺利通过街道的节目初审。这个节目算是本色出演，老师扮演老师，高鹏飞、杨知非、张明浩、易铭逊分别扮演同学甲、乙、丙、丁，而屈原的扮演者是陆徐东。孩子们前后排练了6次，如果夸他们聪明，不如说他们能吃苦。我们都是利用周六、周日的时间排练，每次排练结束，孩子们总会说“我的腿站不动了”。也就是这一次次的“受不了”，最终让他们走上了舞台。孩子们流畅的表演让观众不时发出会心的微笑。很是奇怪，他们原来是一上舞台就会进入状态，前几场的排练他们从没有达到如此好的状态过。

演出成功可不能忘了小姑娘孔一诺。在节目中，她是龙套，一句台词也没有，就是从舞台的一边跑到另一边，然后站在角落自顾自地跳舞，但她却是剧情发展的关键线索，没有她，这戏就演不下去。当初选她时也有些顾虑，怕家长看不上这个小龙套，没想到妈妈一口答应。还有一个小龙套也不能忘记，她是王翊瑶，可惜临演出时却生病了，错过这次演出。但我们还是要感谢她，感谢这两个甘当绿叶的小姑娘。

还要感谢启秀中学的吴年平老师、北濠东村社区的沈主任、义工陈诚等,他们是节目的布景,一直躲在后面。而我们乘坐的“龙舟”，是南通著名的公益人士陆善洪用一天时间制作出来的，材料费也是他出的，因为他很体谅我们这个“没钱”的公益组织。如果大家觉得我们舞台效果还说得过去，那就把掌声送给他们吧!

广场演出结束，任务可没有结束，因为小树姐姐又把孩子们请到她的节目中去了。在电台直播间里，我们把这个穿越剧变成了“广播剧”，这可让孩子们很有成就感。

不过，我们的目标可不是这么简单，有家长说了，他们练的时间太少，还需要打磨，暑假再好好练练。今年暑假，我们就把这个节目细细打磨，同时也欢迎更多的孩子参加这个短剧的排练。

知止堂义学“小小小剧社”成立

知止堂义学从 2009 年开始，每年的暑假都会带领学员排练文艺节目，丰富孩子们的读经生活。孩子们排练过表演唱《弟子规》、情景诗朗诵《我们的节日》及古诗吟唱等大大小小多个节目,这些节目先后参加过社区、街道、区、市级 10 多场的演出活动。情景诗朗诵《我们的节日》还于 2012 年 4 月底在无锡太湖第一社区演出，取得了一定的社会影响，也获得了孩子及家长的喜爱。

为了让孩子们的文艺热情得到更大的发挥，2012 年我们策划成立了“小小小剧社”。剧社将采用大学社团的模式，由孩子担任社长，社长在老师的指导下开展工作。

“小小小剧社”的名称源于“小小剧社”：表演艺术家赵丹在南通崇敬中学（今实验中学）求学时，曾与顾而已、朱今明、钱千里等同学办了一个“小小剧社”，自编自演节目。回顾中国现代话剧史，不能不提到南通的现代话剧运动。回顾南通的现代话剧史，不能不提到“小小剧社”。“小小剧社”不但在南通现代话剧运动中有过不俗的表现，而且从它里面走出了赵丹、顾而已、朱今明、钱千里、江村、顾尔谭等众多堪称影剧大师或影剧艺术家的杰出人物。今天我们取名“小小小剧社”，也寄托了家长老师的希望。

小鬼当家：“小小小剧社”第一次公开亮相

7 月 30 日下午，由南通团市委主办、区团委及和平桥街道承办的“‘向我看齐’青春励志故事宣讲报告会”在和平桥街道五楼报告厅举行。“小小小剧社”也接到邀请，参加报告会期间的演出。这次演出是“小小小剧社”成立以来的第一次公开演出。

这次带去的是由陆徐东、丁白玲、黄奕雯、顾任思雨、高鹏飞 5 位社员表演的《经典连诵》。虽然这次演出的任务紧，孩子们也只排练了一场，但是凭借一股初生牛犊的勇气，他们丝毫没有胆怯。尤其是陆徐东和丁白玲两位社员，他们昨晚还不忘在微博中对今天下午的演出进行报道，从字里行间可以看出，他们的信心很足啊！

今天的演出，由社长陆徐东带队。下午 1:00，社员们准时来到和平桥街道五楼报告厅。在陆徐东的带领下，社员们按照平时排练的要求进行了彩排。提前到达现场的单位代表对孩子们的彩排表现出浓厚的兴趣，不时发出阵阵笑声。彩排共进行了两次，家长们作为临时评委对彩排的情况进行了点评，并提出了改进的建议。

报告会刚开始时，主持人对“小小小剧社”的成员进行了采访。陆徐东介绍了剧社的主要情况，他特别提到目前剧社排练的穿越剧“端午情思”，他的介绍同样赢得了观众的笑声。主持人对大家穿的汉服很感兴趣，对社员们的穿着仔细打量了一番。他还请社员们对台下观众行汉礼，台下的观众也报以热烈的掌声。

根据报告会的议程，剧社的演出安排在第二阶段的第一个环节。社员们使出了浑身解数，较好地完成了演出，他们的演出赢得了观众的喝彩。这次演出的成功，与大家的共同努力是分不开的。尤其是在高温季节，家长和孩子们克服困难，坚持参加排练。在排练中，老师的严厉虽然让社员们有点不适应，但大家还是能理解老师的用心，家长们也非常支持和配合老师的工作。社员们也能做到相互帮助，一起讨论排练的内容，相互取长补短，这种精神是值得表扬的。

“小小小剧社”是刚刚成立的，而且第一次参加演出还没有老师在场，但是却出色地完成了演出任务。相信经过大家的不断努力，“小小小剧社”会排练出更加精彩的节目。

交 流 篇

中央、省级媒体参观学堂教学

2月18日，由全国妇联宣传部副部长张小媛、全国妇联新闻宣传处处长綦淑娟带队，中央电视台、人民日报社、新华社、中央人民广播电台等10家中央、省级主流媒体记者组成的“走基层、访妇情”中央媒体采访团来南通，深入了解巾帼志愿服务活动的情况。当日，采访团先后来到江苏亚萍集团及崇川区任港街道外滩管理服务中心及和平桥街道北濠东村社区进行采访。

目前，知止堂义学的3位义工老师均是女性，自2008年创办以来，一直是女老师在挑大梁，因此北濠东村社区也将学堂列为重点展示项目之一。

当日的公开课，我们的教学内容是古诗吟诵《春晓》。孩子们的学习兴致非常高，大方地为领导们展示了当天的学习成果。活泼的课堂气氛及这群懂礼貌的孩子们让采访团的领导们深感兴趣，除了摄像记者外，还有领导、记者用相机、手机等拍下了我们上课的情景。

采访团在社区采访过程中，义工老师李晨玲还担任了社区“巾帼十大主题活动——榜样日”的解说员。作为一名80后的巾帼义工、一位新南通人，李老师也给采访团的领导和记者们留下了深刻的印象。

无锡游学记

4月29日晨，夜间的一场大雨让空气变得格外清新，心情也显得格外轻松。今天，学堂的18个孩子和家长们将开始为期两天的无锡游学之旅。这也是学堂开办4年来，第一次走出南通市，与外地的读经孩子进行交流。与我们同行的还有北濠东村社区的党员和居民朋友们。

早晨7时,我们从社区出发了。一路上,孩子们显得非常活跃,猜谜、脑筋急转弯，车厢里笑声不断。雨，断断续续的，但是当我们到达无锡时，太阳从云缝里挤了出来。

蠡湖公园是此行的第一站。蠡湖公园占地300余亩，原名五里湖，又名漆湖或小五湖，后因湖面形状如一只葫芦瓢，所以得名蠡湖（蠡字本意为葫芦瓢）。到了明末时，文人又讹传此湖为春秋时期范蠡西施泛舟之地。蠡湖位于无锡西南，是太湖伸入无锡的内湖，水域面积8.6平方千米，东南经十里长广溪连通太湖。环水而筑的百米长廊——水镜廊汇集古今赞美太湖的名人诗词、绘画、摄影精品，展示出蠡湖深厚的文化底蕴。山、水、树木相映衬，漫步在公园中，我们真有些羡慕无锡的市民了：祖先留给他们一方风水宝地，他们可以免费享受。

趁着好心情，中午，我们到达了此行的第二站——无锡市新区江溪街道太湖花园第一社区（江苏省省级文明社区），在这里，展开了我们的第一场交流。

下午，在社区的三楼会议室，首先由东林国学堂的义工老师丁丽云为我们做了题为《试论“国学”的精髓与真传》的演讲。丁老师的演讲极具激情与吸引力，不管是大朋友还是小朋友都听得津津有味。

接下来，我们与育心东林国学堂的读经家庭进行了交流。育心的宝宝中让我们印象最深的是童童小朋友，她才5岁，可是读经3年了。今天的课上，她带领其他孩子一起读《易经》时有板有眼的样子，让大家惊叹，这里面一定少不了父母的付出。而育心读经家庭给我们印象最深的就是课堂上家长和孩子一起读书，这样一来，孩子们觉得读书不再是“被要求”的，而是受着家庭的熏陶，这是值得我们南通家长学习的。

晚上6点45分，在社区广场上，我们参加了由无锡市新区江溪街道太湖花园第一社区、南通市崇川区和平桥街道北濠东村社区、无锡市传统文化促进会（筹建处）主办，“弘扬传承中华文化，共筑共建和谐社区”——社区文化交流成果汇报演出暨2012年社区廉和文化艺术节开幕文艺演出。

知止堂的孩子们带去了已经演了两年的原创节目——情景诗朗诵《我们的节日》，这可标志着我们的节目“走出了”南通市。为了演好节目，参加演出的徐彧文、陈佳龙、杨知非、宗秋月、易铭逊、帅鑫阳、周洋、秦袁瑗、张明浩9个孩子一点也不马虎，排练、现场走台，一个也不少。孩子们明白，作为整场演出的第一个节目，他们的担子重着呢！当他们走出南通，观众们不会关心是谁演的，而是说“南通的孩子”。虽然表演者只有9人，其他的孩子也不落后，踊跃参加晚会中穿插的互动问答。陆徐东、高鹏飞、黄奕雯等竟然捧回了好几袋大包装的洗衣粉，看来不管是南通还是无锡，社区活动的奖品都是这类家居用品哦。这也成了我们打趣他们的话题：“天哪，别人去旅游带回的是当地特产，你们竟然捧回洗衣粉，南通缺这个吗？”

晚会的压轴节目是我们和无锡花仙子汉服社一起为社区居民

展示我们汉民族的传统服饰——汉服。这次的交流演出，南通古琴研究会的周通生老师带去了古琴曲《捣衣》，社区也选送了由鲁素娟表演的京剧《贵妃醉酒》，我们的节目都离不开“传统”二字啊！

带着一天的兴奋，孩子们回到酒店休息了。第二天，天刚亮，他们就像屋外的小鸟，叽叽喳喳地闹起来了。昨天的雨，让空气一天都很闷热；今天就不同了，气温凉爽宜人，带着一丝丝凉意，我们开始了新的旅途。

东林书院——这是我们的第三站，我们将在这里与东林朗朗读经班的孩子进行学习交流。

东林书院创建于北宋政和元年（公元 1111 年），是北宋理学家程颢、程颐嫡传高弟、知名学者杨时长期讲学的地方，后被废。明朝万历三十二年（公元 1604 年），由东林学者顾宪成等人重新修复并在此聚众讲学。他们倡导“读书、讲学、爱国”的精神，引起全国学者普遍响应，一时声名大噪。东林书院成为江南地区人文荟萃之区和议论国事的主要舆论中心。明东林党领袖顾宪成所撰的名联“风声雨声读书声声声入耳，家事国事天下事事事关心”更是家喻户晓，曾激励过无数知识分子，对我国传统文化思想发展促进极大。名联现悬挂于依庸堂内。

今天，知止堂的孩子们也有幸走进这组充满传统文化气息的建筑群，从此那朗朗的读书声，留下了我们南通孩子的印记。不知道孩子们坐在这古色古香的屋子里读书，是否有穿越时空，回到 900 年前的感觉。

东林书院朗朗读经班是由一位让人尊敬的老教育者——华介友，在 2003 年创办的公益读经班。华先生如今已年近八十，可他依然在执教。他说：“教育工作可以退休，但是教育事业没有退休，我将用我的一生来从事这份事业。”老先生是这么说，也是这么做的。

在与华先生的交谈中，我们惊喜地发现我们两家有着惊人的相似：都是公益读经班，所有的老师都是义工；授课的方式也很相似；都会在诵读经典的同时，开展传统民俗活动；孩子们在学习传统经典的同时还积极参加各类社会活动……

我告诉华先生，组织这次游学，希望能激起孩子们的学习兴趣，也带家长感受一下外地孩子的读经氛围，回去更能坚定他们让孩子读经的信心。华先生听完后摇了下头："你不要有这样的希望，也许回去一个月后，此行的孩子就有人会离开。因为他们会上更重要的课，比如奥数……""比如英语，比如钢琴……"我脱口而出，说完我们相视而笑。华先生接着说："家长也没有办法，社会如此，现在的教育体制如此。我们走的这条路还是很艰难的，我们能做的就是坚持。"

是的，这一点我深有体会。套用一句俗语，学堂是"铁打的学堂，流水的学生"。有很多事情不是我们能左右的，我们只问过程，不问结果。

虽然这是我们第一次与东林书院的朗朗读经班进行交流，虽然我和华先生、余先生只进行了短短几十分钟的交谈，却惊讶地发现我们不只是模式相似，连理念也惊人的相似。这也许就是缘分吧，有缘认识了这么两位老者，两位在传统文化推广道路上的先行者。向他们致敬！

告别了东林书院，简单地用过午餐，我们直奔最后一站——惠山古镇。马不停蹄的游学结束了，下午3:30，我们踏上了回家的路程。开始，我们还担心两天不停脚的活动，孩子们会不会觉得累，但是到了此时，我们放心了。孩子们的精力太旺盛了，回来的路上，他们还不忘依次展示才艺，唱歌、朗诵、猜谜、脑筋急转弯、双簧……

让我们一起期待下一次的游学活动吧！

古诗吟诵课程走进实验小学

5月27日下午，在实验小学的音乐教室里，学堂孩子与实小六（9）班的学生们一起感受了吟诵这一汉诗文的传统艺术表现形式。

从幼儿园开始，孩子们或多或少地念过古诗、朗诵过古诗，但是知道“吟诵”的并不多。我们简单地从吟诵的前世讲到今生。起源于先秦的吟诵不知能给孩子们多少时空的联想。

对于“汉诗文”三字，孩子们有了不同的联想，有的说是汉代的诗文，有的说是汉民族的诗文。不过让全体同学举手表决时，绝大部分选择了后者。因为类似的用法还有“汉语”“汉字”“汉服”。而“汉字文明圈”的定义更让孩子们惊讶，日本学者石川九杨指出：“包括日本、中国、韩国、朝鲜、越南等国家的东亚，不单是一个地理性概念，而是用‘汉字文明圈’这一形态联系在一起的，具有历史、地理、文化等共通性的人文地域概念。”

当我们给孩子展示了《光明日报》2012年2月20日15版上题为“日本汉诗的吟诵及启示”，当我们告诉孩子们“汉诗吟诵这一中华文明的非物质文化遗产，被我们的东邻日本继承了下来，并在现当代开展得如火如荼”时，作为吟诵的主人，我们中华儿女想不想学呢？孩子们的答案是可想而知的。

“依字行腔”的规则对孩子们来说是比较抽象的，为了让孩子们有感性的认识，我们邀请社区京剧社的鲁素娟老师给孩子们清唱了一段《贵妃醉酒》。虽说只是一段，可是鲁老师连唱了4遍。然后又让孩子们合唱了《送别》，同样是反复多遍。孩子们慢慢发现，“长亭外，古道边”唱出来成了“长亭歪，古刀扁”的音。

通过两者的比较，孩子们对中国音乐与西洋音乐的区别有了一点浅浅的认识。

讲完理论，下面进入实践环节，孩子们跟着音频学习了《九月九日忆山东兄弟》的吟诵。真是巧合，同为5月27日，超过4万人汇聚台湾地区台中市政府广场，齐声诵读《礼运大同篇》，拉开“和谐中华·第三届海峡两岸经典文化推广会演”序幕；此时，济南市、厦门市、香港、澳门等城市同步诵读。据悉，这是近年来两岸及港澳共同举办的规模最大的一次诵读活动（中新社发）。而此时，我们学习的音频却是来自台湾大学生吟社的。

也许孩子们并没有察觉出什么，但是我们知道，在漫长的古代，不管是京城的孩子，还是偏远山区的孩子，只要是在中国版图之内，孩子们翻开课本，读出的第一句话都是“子曰：学而时习之，不亦说乎”，都是用同样的方式吟诵着“独在异乡为异客”的诗句。所以中华文明历经千年风雨而依然屹立于世界的东方，那是因为我们的文化没有消亡！希望孩子们能记住这堂课，能喜欢上吟诵。

吟诵不绝，斯文永存！

走进实小：京韵诗腔进校园 千古明月共天涯

9月23日下午，知止堂义学“小小小剧社”的同学在义工李晨玲老师的带领下，参加了由北濠桥东村社区及实验小学北校区共同举办的“京韵诗腔进校园 千古明月共天涯”的活动。参加活动的还有社区关工委代表、社区京剧票友社成员以及来自南通大学医学院的尼泊尔留学生。

中秋节是我国的传统节日，是仅次于春节的第二大传统节日。自古以来，中秋节就是团圆、共享幸福的日子。北濠东村社区组织的该次活动以国文经典诵读进校园为基础，以中外友人文化交流为内涵，以欢乐和谐为宗旨，以自主互动为特色，通过此活动来共度中秋佳节，让世界文化在此交流，更是让中国博大精深的民俗文化源远流长，广为传播。

首先由学堂李老师为同学们介绍了有关中秋节的来历和传统习俗。同学们也积极地参与，说出自己知道的有关中秋节的风俗。

知止堂义学“小小小剧社”的6位成员：陆徐东、高鹏飞、季铭扬、丁白玲、顾任思雨和杨知非一起为大家带来中秋节古诗连诵。他们抑扬顿挫的朗诵得到了大家热烈的掌声。随后顾任思雨为大家带来的古筝独奏《雪山春晓》，让在场的所有人都陶醉其中，用心聆听。

表演结束后，同学们还和外籍留学生互相交流了各自国家的传统节日，向他们介绍了“我们的节日”中一些重要的传统节日，来自尼泊尔的留学生鲁佩斯和美娜向同学们介绍了他们国家的团圆节（团圆节是他们当地一个比较重要的节日）。四海同源，可见家庭团圆的主题在世界各地都存在。我们还邀请鲁佩斯为大家演唱了一首英文歌曲。有的同学居然也会唱，大家就一起跟着哼唱和拍手，现场很是活跃。

活动最后，社区的王老师还教两名外籍留学生用毛笔书写“中秋快乐”留作纪念，一起分享了由社区为大家准备的一个大月饼，并互相送上中秋节的祝福。

走进虹小：国学诵中秋，老少同乐会

9月28日下午2:00，受南通市虹桥小学的邀请，学堂义工刘艳萍老师来到虹桥小学，并和虹桥8位老奶奶一起参加了学校举办的“国学诵中秋，老少同乐会”中秋主题活动。

为弘扬民俗文化，还原中国传统本色，赋予传统节日丰富文化内涵，在虹桥小学德育主任孙老师的主持下，活动开始了。首先是刘老师为参加活动的一、二年级8个班的师生们讲解中秋节的来历及其习俗等，小学生们听得很认真，配合老师很积极。

当问起中华民族有哪些传统节日时，他们的表现非常出色，回答问题既踊跃又大胆，大家一口气差不多把知止堂每年过的节日都说全了。再问有关中秋节的习俗时，奶奶们和老师们也都帮忙了。《嫦娥奔月》《玉兔捣药》《吴刚伐桂》，一个个传说和故事，使老人们仿佛都回到了无忧无虑的童年。

推介传统文化，少不了我们最熟悉的汉服唱主角。8个班级各选派一名代表，组成了一个小小汉服队。看着孩子们好奇和求知的眼神，老师请一位小姑娘上来，仔细地讲解了汉服的特点和内涵，还教8个孩子学习穿汉服的基本礼仪。

这次的活动，对知止堂而言，可是走出社区与其他单位交流学习的一个新起点。通过活动既做到了推广传统文化，激发大家对传统节俗的重视；又得到了社会的认可，提高了学堂的社会影响力。期待以后，我们的师生有更多的交流活动。

公益活动篇

师生为“爱心交汇，温暖2012”大型公益活动捐书

2012 年 3 月 25 日下午的太阳真热情，不过，比太阳更热情的是孩子们的爱心。

由南通电台承办的“爱心交汇，温暖 2012”大型公益活动下午 2:00 在环西广场举行。参加活动的有政府机关人员，也有企事业单位员工，还有很多热心市民。学堂的孩子也早早地来到广场，和电台《YOYO 少儿节目》的小记者们一起奉献了他们的爱心。虽然和捧着一本本新书来捐赠的叔叔阿姨们相比，孩子们的书都是自己看过的旧书，可是他们帮助别人的心是一样的，他们的爱是一样的。

参加今天活动的爱心孩子分别是：孙荣、顾梓潆、宗秋月、刘嘉倪、倪嘉丽、周栋、周洋、陈嘉仪、杨知非、汪嘉杰和王睿扬。值得一提的是黄奕雯妈妈和陆徐东爸爸，因为孩子要上兴趣班，不能来参加活动，他们特意代孩子把爱心书送来。

“捐一本书帮不了别人什么，但是通过这样的活动，可以培养孩子的爱心和社会责任心，让他们的心里有一个大爱。”妈妈们如是说。让我们为可爱的孩子们和他们身后的家长们鼓掌吧！身教胜于言教，家长用行动给孩子们上了一堂精彩的爱心课。

知止堂义学老师参加民间“青年公益沙龙第三期”活动

3月25日下午2:00，在南通城市博物馆东侧的水天讲堂里，南通市民间“青年公益沙龙第三期”活动隆重召开。活动由崇川区团委和区文明办承办，由南通市共青团崇川区团委副书记吴乃顾主持。本次活动也是“火柴头公益联盟”成立两周年的纪念活动，参加活动的公益团队除了“火柴头”的成员们，还有南通麦田、陆善洪工作室、通州义工联合会、如皋绿叶义工、如东义工联合会、南通义工联合会和知止堂义学等几支民间公益组织代表。同时，崇川区文明办及街道社区等单位领导也参加了此次活动。义工老师刘艳萍代表知止堂义学参加了这次活动。

在活动中，公益人士围绕“公益助学”过程中遇到的困惑与思考展开了讨论。我们南通的“公益第一人”——徐尔铸老先生也来到会场，徐老的讲话再次肯定了“雷锋精神”，志愿精神将是“星星之火，可以燎原”！

此次沙龙，无关年龄，无关经历，大家虽然在不同地方做着不同的公益事情，但都有着相似的收获：身为公益人，我们骄傲！我们自豪，我是公益人！

学堂义工参加“三关爱”大型广场志愿者服务

5月10日下午，学堂义工助教家长宗秋月妈妈、季语欣爸爸及辅导员侯春杰参加了在市环西文化广场举行的“关爱他人、关爱社会、关爱自然”大型广场志愿服务活动。

据悉，此项活动由中央文明办主办，中国志愿服务基金会、江苏省文明办承办，中共南通市市委宣传部、南通市文明办、中共崇川区区委、崇川区政府协办。根据中央文明办《关于弘扬雷锋精神 大力开展志愿服务活动的通知》精神，为推动全社会兴起关爱他人、关爱社会、关爱自然志愿服务活动的热潮，市文明办制订了南通市开展“三关爱”志愿服务活动方案。据了解，“关爱他人志愿服务活动”包括组织开展敬老爱幼、帮扶农民工、助残等志愿服务行动；“关爱社会志愿服务活动”包括普及文明礼仪知识、维护公共秩序、文明交通、平安建设、便民利民等志愿服务行动；“关爱自然志愿服务活动”包括开展普及生态文明理念、绿化美化、清洁环境卫生等志愿服务行动。

中央文明办志愿服务工作组副组长崔海教，省文明办志愿者工作指导处副处长屠法，市委常委、宣传部部长章树山，副市长朱晋出席了启动仪式。

“志愿者朋友们，让我们迅速行动起来，在雷锋精神的感召下，走到一起来，将爱串起来，将关爱播撒到城市的每个角落！”志愿者代表现场还向广大市民发出“有时间做志愿者，有困难找志愿者”的倡议。

知止堂部分学生及家长参加
红十字运动相关知识培训

12 岁的孩子可以做什么？ 17 年前，当加拿大儿童柯博格的视线从漫画书转移到受虐童工的报道时，他决定不袖手旁观。“解放儿童”组织（Free the Children）从十几名小学生起家，至今吸引百万青年参与。他们要证明：你并不小，孩子也可以改变世界！柯博格从 12 岁起走遍世界 40 多个国家；几次做客欧普拉脱口秀、60 分钟杂志等节目；CNN、《经济学人》《纽约时报》《华盛顿邮报》等媒体竞相采访他，并被中、日、德各种语言媒体广泛报道；被联合国选为合作伙伴举办50周年活动；和德雷莎修女、伊丽莎白女皇二世等世界领袖面对面交谈；三度被提名为诺贝尔和平奖候选人……

“解放儿童”点燃了更多人的梦想。柯博格等人坚持到小学、中学演讲，告诉年轻一代：公益慈善事业不需要孩子走开，大人可以做到的，他们也一样能做到。

学堂也组织了4名12~15岁的孩子参加了在市红十字会举办的志愿者培训，培训课由市红十字会的倪瑾会长主讲。这是一场面对成年人的培训，但是当我们发现孩子们也有从事志愿服务的愿望后，觉得这是一个很好的契机。于是，我们联系了红十字会的工作人员并得到他们的支持。考虑到针对成年人的培训，太小的孩子可能听不懂，今天只带了几名五年级以上的孩子来听课。

今天的培训课，倪会长从红十字运动的起源讲到中国红十字会的发展，讲到中国红十字会的职责与三大博爱工程等。孩子们听得也很认真，在3个多小时的时间里，他们还积极参与互动，踊跃回答问题。倪会长对这几个小学员也真是非常关照，提出了“小朋友你几岁了”之类非他们莫属的问题，让他们获得更多的发言机会。

一起旁听培训课的家长对救援工程中的应急救援培训很感兴趣，希望学校里也能开展这样的培训，希望我们的孩子们也有机会成为网络志愿服务队的后备力量接受专业培训。

期待有更多的孩子能参与到志愿服务中去，“好事很微小，参与很简单”的微公益理念也一定会为孩子们提供更广阔的舞台。让我们通过做一些力所能及的志愿服务，一起推动社会的进步与发展。

家长会义工第二期培训顺利进行

10 月 21 日下午 4 点半，是知止堂义学放学的时间。教室里，孩子们的任务结束了，有几位家长却上起了课。她们是刚刚加入的新一批家长会的义工——高鹏飞妈妈、丁白玲妈妈、严锐锋妈妈、尤乐凡妈妈、徐映雪妈妈。

2011 年 4 月，学堂的 7 位家长参加了家长会义工的第一期培训。一年来，他们配合义工老师开展了教学、民俗活动、对外交流展示等多种形式的义工服务。随着孩子们在这里学习情况的变化，家长会义工也呈现出流动的趋势；尤其是我们今年又有许多新的学生加入学堂学习，新的家长也越来越多。维持学堂纪律，组织学堂活动，还有宣传我们的教学理念等，三位义工老师和仅有的几位家长义工真有点分身乏术。

家长 QQ 群在每次上课前都有义工服务的通知，也时常有新来的家长问起想要参加义工服务该怎么办。得知家长的这种热情，义工老师在商量之后决定，今天下午课后为几位提出申请加入义工家长会的家长进行新一轮的培训。

在一年多的实践中，家长会也积累了一些经验。我们深刻体会到新成员只有在参加义工服务前明确了职责和任务所在，才可以更好地为大家服务；在上岗前，只有明确了义工的理念和义学的理念后，才可以顺利地完成各项任务。因此，这一期的培训内容可以说比第一期更充实、更丰富。

担任培训主讲师的是义工刘艳萍老师，刘老师的培训围绕 3 个方面进行：首先是义工的理念，明白义工是自愿行为，在义工团队里，没有“工作安排”，而是自发报名参加，否则就不是做义工而是作秀了。同时还和大家讨论了“义工”与“好人好事”

的区别。其次是知止堂义学的理念。最后是学堂家长会义工的理念及相关制度。

培训后，家长们对参加今后的义工服务都非常期待，大家都希望能给孩子们一个表率作用，培养孩子，成长自己。相信学堂的孩子和家长会义工在今后的学习过程中都会有新的收获和体会。

学堂义工老师参加社区公益助力计划资源拓展会

11 月 13 日上午，知止堂义学李晨玲老师参加了由爱德基金会举办的社区公益助力计划资源拓展会。此次会议邀请了澳大利亚国际援助委员会理事约翰·迪恩先生（NGO 领域的资深管理专家）来和大家谈谈 NGO 组织的发展和管理，带给大家一些先进的非政府组织管理经验。南通各社区和一些非政府组织团体代表都参加了此次交流。

迪恩先生首先告诉大家，澳大利亚的非政府组织是其社会组成的一个重要方面，弥补了当地政府职能的空缺，为社会的道德建设贡献了很多力量。迪恩先生是第二次来中国，但却是第一次给中国的 NGO 进行培训。他同时也提到，由于各国国情的不同，或许 NGO 的运作上会有所不同，但是希望可以给大家一些借鉴和启发。

他给大家讲了一个关于澳大利亚民间社团成立的故事。在 40 年前，一个开发商想要把一座拥有百年历史的古建筑拆掉来建高楼。当地有 3 个居民意识到这些古建筑是悉尼的历史，是有价值的建筑，不应该被拆掉。于是，他们 3 个人为了不让这座建筑被破坏，开始到处游说和劝说当地的居民，告诉他们代表悉尼历史的这些古建筑是多么重要。于是，更多的人加入他们的队伍，结果就有一群人来阻止这场破坏。他们和当地政府交涉，与开发商交涉，最终这个古建筑被保留了下来。当这件事结束后，这群人开始思考这个组织以后的发展与管理。但是，他们在各自的看法上有了分歧：一部分人坚持认为应该继续留在这里为这个建筑做一些完善和修缮工作；而另外一部分人认为他们应该走出去，为保护更多的文物做一些事情。于是这群人分成两支队伍，其中一支建立了一个专门以保护文物为宗旨的社团，他们在全国范围内展开募捐和筹款，并为保护各地古建筑和文物而努力。他们目前已经成为澳大利亚一支比较成功的民间社团，运作着大量的资金。而另一部分留在那儿的人们，他们也建立了一个社团。他们对那栋古建筑进行了精心地修葺和还原，还增加了许多有历史价值的家具摆设，使它成为一个具有参观价值的建筑。这两个非政府组织以不同的形式完成了团队的意愿，他们都给社会和人类做出了贡献，都是值得提倡的。

迪恩先生还给大家介绍，建立民间社团组织第一要有自己的组织结构。这个结构可以是简单地以 2~3 个人为主导的管理层，也可以是以理事会为单位的管理团队，这样会便于组织和策划各种活动。第二就是要有组织自己的目的和愿景。一个社会组织必须有一个强烈而有意义的愿景，才能够引起大家的共鸣，激励更多的人加入到队伍中来。第三就是要有任务，社团必须通过执行一定的任务来完成自己的愿景。当然，要完成这些任务就必须有一定的战略和方法。所以，第四就是制定组织战略，通过制定 SMART（S= 具体的；M= 可测量的；A= 可完成的；R= 相关的；T= 一定时间内）策略来完成这些任务，最终达成组织希望的愿景。

中途休息时，大家还和迪恩先生讨论了澳大利亚的 NGO 是如何组织一些活动的。比如，有人提出了关于如何在孩子们中间开展微环保的活动，迪恩先生讲到这些组织一般都会和学校联合举办一些活动来提高孩子们的环保意识。

李老师和迪恩先生探讨了关于知止堂义学坚持传承中国传统文化的愿景，得到了迪恩先生的肯定。迪恩先生认为我们的愿景是非常好的，并且鼓励我们持续不断地扩大成员队伍。

特色课程篇

少数民族系列讲座：认识回族

说到回族，首先想到的是拉面，还有各类清真食品、男性带的小白帽。喜欢文学的或者会想到霍达的小说《穆斯林的葬礼》；喜欢历史的可能会想到明代回族穆斯林航海家郑和，7 次率领庞大的船队远航，先后到过亚非 37 个国家和地区，促进了中国与亚非各国的经济、文化交流，是世界航海史上的壮举。他比哥伦布的远航早半个世纪，航行中绘制的《郑和航海图》是早期海洋地理学的珍贵地图。

为了开阔孩子们的眼界，在市少数民族联谊会张薇丽副会长的关心与协调下，11 月 4 日，我们非常荣幸地请到南通清真寺的阿訇来学堂讲授一堂回族风土人情课。阿訇对我们的活动非常支持，他说，各民族只有在相互了解的基础上才会相互包容、尊重，才会和谐相处。他非常乐意来给孩子们上课，虽然他以前只是为成年人讲经。

听说有阿訇来讲课，南通中学西藏班的藏族学生和实验中学的部分师生也来到我们的学堂。这可给阿訇出了难题，下面坐的听众从幼儿园的小朋友到高中生，还有旁听的家长，看来是众口难调了。虽然是给孩子们上课，可是阿訇还是准备了厚厚的一叠材料：回民的分布、宗教信仰、习俗、传统节日……

回族是中国分布最广的少数民族，在居住较集中的地方建有清真寺，又称礼拜寺。公元7世纪中叶，大批波斯和阿拉伯商人经海路和陆路来到中国的广州、泉州等沿海城市以及内地的长安、开封等地定居。公元13世纪，蒙古军队西征，西域人大批迁入中国，吸收汉、蒙古、维吾尔等民族成分，逐渐形成了一个统一的民族——回族。

丰富的内容让后排的家长听了觉得“挺有意思，长见识了”；可是小孩子，尤其是爱动的孩子有点坐不住了。不过，他们还是坚持下来了，因为最后还有他们自己表演的、具有民族风情的节目。

学子练笔篇

我参加南通人民广播电台的YOYO少儿节目啦！

文亮小学五（6）班　陆徐东

年初，我参加了北濠东村社区举办的国学班。国学班主要给小朋友们讲授儒家“四书”等经典读物。同时，它还与南通广播电台合作，让我们有机会参加南通人民广播电台的少儿节目，我们可开心了。

这样的机会终于来了。有一天，国学班的胡老师让我和黄奕雯同学参加小树姐姐主持的少儿节目，时间是星期六晚上6点至7点。胡老师还给我们布置了任务，要求我们在3~5分钟内朗诵一篇古诗词。爸爸向我推荐了毛主席的《沁园春·雪》。那天上午，爸爸和外婆作为“专家”，对我的朗诵进行评价，并提出改进的建议。经过半天的努力，我觉得已经准备得差不多了，就等着出发的那一刻。

下午，天下起淅淅沥沥的小雨，但这丝毫没能挡住我们的脚步。傍晚时分，我和爸爸、黄奕雯等一行五人乘车来到和平桥旁的南通人民广播电台。黄奕雯妈妈将我们带到一位阿姨的跟前。哦，原来这位和蔼的阿姨就是小树姐姐了。不一会儿，胡老师也来了。快到6点时，我、黄奕雯、小树姐姐以及胡老师一起进入演播厅。胡老师和小树姐姐将一起主持节目，YOYO少儿节目开始啦！“各位听众，各位朋友，我是小树姐姐，我们又在空中相见了……”小树姐姐以甜美的声音开始播报。在几首优美的歌曲后，小树姐姐让我们以画画或者写作的方式描绘春天的事物。小意思，接到任务后，我和黄奕雯在纸上“沙沙沙”地写了起来。转眼间，我就写好了一段话。黄奕雯首先读了自己的文章，接着轮到我了。我使出浑身解数，有表情地朗读起来。“东东说得真好！”胡老师表扬我。我心里美滋滋的。小树姐姐与胡老师进行了一番交流后，轮到我和黄奕雯朗诵古诗词了。我自告奋勇地第一个朗诵。“北国风光，千里冰封，万里雪飘……”多优美的诗词啊，我甚至有一点自我陶醉了。不知不觉中，我的朗诵就结束了。“东东真棒！”小树姐姐带头鼓起掌来。随后，黄奕雯也朗诵了《木兰诗》中的一段。在节目结束之前，小树姐姐邀请爸爸到演播室，让他谈谈为什么送孩子上国学班。只见爸爸不慌不忙地坐到话筒前，先讲述了学习国学的好处，接着还谈到了素质教育。瞧他那一本正经的模样，好像是教育方面的专家。我站在他后面忍不住想笑。

一个小时很快就过去了，我们参与的节目结束了。走出演播室时，胡老师一边走一边跟爸爸聊天：“今天你和陆徐东的表现真不错！”爸爸会心地笑了。

回来的路上，我忽然想起，这样的节目要用收音机来收听啊！估计爸爸不同意，我小心翼翼地将我的想法跟他说了，没想到他一口答应。在路过大润发超市时，我们买了一台收音机。“爸爸，你真行，你说话时非常镇定自若。”我一边摸着收音机一边跟爸爸说。“小家伙，你知道什么，我那时也挺紧张呢，我可是第一次进演播室啊！”爸爸回答道。嘿嘿，看来爸爸在有些时候也挺会装的。

我热爱国学班，它提高了我的文化品位和审美情趣，丰富了我的精神世界；我喜欢小树姐姐主持的YOYO少儿节目，它非常适合小朋友收听。我要告诉周围所有的小朋友，让大家都来参加国学班的学习，也和我一样参与到南通广播电台的少儿节目中去。我要感谢南通人民广播电台和北濠东村居委会，是它们无偿地给我提供了这样的锻炼机会。我还要感谢国学班的胡老师以及南通人民广播电台的所有工作人员，您们辛苦了！

无锡游学记

文亮小学五（6）班　陆徐东

“金、银、铜、铁”，大家知道这个谜语的谜底吗？对了，是“无锡”。“五一”长假期间，我们知止堂义学的小朋友们、两位老师，还有20多位家长，一起到无锡游学。

29日那天，天灰蒙蒙的，时不时还来几滴小雨。再不好的天气也挡不住我们前进的步伐。一路上，欢声笑语传遍了车厢的每一个角落。不知不觉，我们就到了目的地蠡湖公园。

公园里，春意盎然，花草争艳，鸟语花香，一片生机勃勃的景象。我们急忙走进公园，去享受大自然无限的乐趣。在公园里，我最感兴趣的要算那惊险刺激的“过山车”了。我和高鹏飞、黄奕雯3人一起“挤”进了“车”。车子发动起来，车厢在不停地旋转，把我们弄得头昏眼花。接着，小车准备“上山”了。开始是一个上坡，车子开得比较慢，我好不容易舒了一口气。可惜好景不长，我刚缓过神来，车子突然快速地向下俯冲，犹如一支离弦的箭，紧接着来了个急刹车，旋即又来个波浪形翻滚，好像要把我们甩掉似的。当我坐的车座到达环形轨道最顶端时，我感觉到头好像朝着地面，脚和手都朝着天空，我终于领略到了四脚朝天的感觉。顾不了那么多了，我双眼紧闭，紧握住把手，风从我耳边呼啸而过，心快跳出来了，好刺激啊……

告别了蠡湖公园，我们来到太一社区。丁老师给我们讲了学习“国学”的意义，让我们受益匪浅。

第二天一大早，我们乘车来到了创建于公元1111年的东林书院，准备“穿越”到明朝，去体会当年的“私塾”生活。我耳边响起了顾宪成先生的一句名言：“风声雨声读书声声声入耳，家事国事天下事事事关心。”东林书院里，远远地传来了小朋友们的读书声，我们随着读书声走进了一间教室。在那里，我们要和无锡的孩子一起诵读《论语》。东林书院的教室不像我们现在上学时的教室，它有4根“擎天柱”立在四周，教室的北面挂着一幅孔子的画像，我们还从来没有在这样的教室里学习过呢！给我们讲课的是一位上了年纪的余老师，他十分幽默风趣，我们立马就被他吸引了。余老师讲《论语》第二十章的第三段，他朗读时的语调，那可是真正的抑扬顿挫，我们情不自禁地鼓起掌来。时间过得真快，转眼间我们就下课了。

下午，在胡老师的带领下，我们来到了惠山古镇。在那里，我品尝到美味的豆腐花、可口的绕绕糖，香喷喷的炸香蕉、烧地瓜，还有闻起来臭、吃起来香的臭豆腐，真是大饱口福啊！

不到两天的游学活动结束了。通过这次活动，我们结识了许多小朋友，并且对学习“国学”的意义有了更进一步的认识。这两天，我们不但学得好，而且玩得也好，如果每天都有这样的活动就好了。听妈妈说，为了这次游学活动，我们国学班的胡老师、无锡的刘老师、丁老师等许多老师，从今年正月就开始往来南通无锡两地，进行了多次沟通，终于促成了这次活动。衷心感谢你们的无私奉献，你们是我们学习的榜样。今后，我将更加努力地学好“国学”，继承和发扬我国的传统文化，做一个对社会有用的人。

知止堂按：读陆徐东同学的这篇习作，当日做节目时的情景又浮现在眼前。虽然是第一次带他参加电台的活动，但他的老练让我很惊讶。后来和他爸爸交流，得知他在学校还担任班长职务，我恍然大悟：难怪他的准备工作做得这么充分，看来平时没少锻炼过。“只见爸爸不慌不忙地坐到话筒前……一本正经的模样……”陆徐东是这样描写他爸爸的，不过，我觉得这段话形容他也不错，大概是虎父无犬子吧。

教学思考篇

剩者为王兼答朋友问

因每周在电台做档少儿国学节目，于是邀请了不少孩子来为我们录制节目片花。孩子们单纯地朗诵，或快或慢，我们喜欢称之为“原生态”的声音。

在“新说《弟子规》”的最后一期，我们请宗秋月来录音。没想到录完音后，小树姐姐对她大加称赞，夸她的朗诵有乐感，节奏把握得很好，每四句一段，她朗诵的时间几乎是一致的。这也是 10 个来录音的孩子中唯一能做到的一位。

上三年级的宗秋月，年龄不大，不过在学堂的学龄可是资深级的。2008 年第一批孩子中，仅剩下她和顾梓潆两人了。我们每周只上一次课，与她们的接触不多，但我对她们俩的印象就四个字“剩者为王”，剩下的就是坚持的，只有坚持，才有成效。

又想起近日，有妈妈在论坛上问我，她家的孩子现在对古文很是头疼，不知道学这些对古文学习有没有帮助。这位妈妈没说她家孩子对英语头疼，我姑且做个猜测：她家孩子花在古文学习上的时间一定没有英语多。一分耕耘一分收获，不是吗？

我一直以为世上最难做的事情就是做学问，这里没有半点虚假，必须一步一个脚印踏踏实实地走出来。要想达到某种境界，就必须花上相应的功夫（天分高的孩子及纯商业模式下的速成班不在本文讨论范围内）。社会上的诱惑太多了，即使是孩子也不能例外，面对干扰，坚持一个既定目标不动摇，真不是件容易的事情。

学堂也有不少孩子在坚持着，却是那种三天打鱼两天晒网式的坚持。虽然他们学习的时间前后算来也比较久了，可是总觉得进步不大，我想这与他们的学习态度和方法有关。

那位妈妈问我，诵读经典对孩子以后在古文学习上有没有帮助，我没有回答。因为我觉得很难简单地回答“有”或者“没有”，学堂里随手就可以举出“有”或者“没有”的例子来。也正因为如此，所以我在推广诵读时，从不和家长保证在多少时间内完成多少量的诵读任务，达到什么样的水平。师傅领进门，修行靠个人。你付出怎样的努力，就会收获到怎样的成果。

这些年来，从学堂进进出出的孩子也有两三百人了，但是像宗秋月那样坚持并有成效的并不多。而像宗秋月这样的孩子，我也依然不能保证她将来一定会如何如何。因为还是那句老话，一分耕耘一分收获。如果有一天她不再坚持了，即使是她的天分很高，也不会在这方面有所成就。

经典的学习如此，其他学科的学习也如此。剩者为王，我只是希望像宗秋月那样坚持的孩子能再多几个，因为他们是最有潜力的。

学堂给的“答案”与学校里的“答案”不同怎么办

随着孩子们一天天长大，读的经典越来越多；同时，他们在体制内的小学里，也从小不点儿升为高年级的学生。家长们还没来得及为他们高兴，麻烦的事情又来了。

最近已有不少家长和我们反映这个严重而且紧迫的问题：你们讲的与学校讲的不一样，这让孩子们如何是好（指参加考试）？孩子是张白纸，他们先入为主，只认同学堂教的，不认同学校老师教的，怎么办？

这个问题是从去年教《诗经》时开始显露出来的。当告知家长要教《诗经》时，就有家长提出疑问：教孩子读爱情诗，合适吗？为此，我们曾引用夫子的话“入其国，其教可知也。其为人也：温柔敦厚，《诗》教也”告诉家长们，《诗经》不是我们想象中的那样，不要戴着有色眼镜看。

学堂教授《诗经》，是以《毛诗正义》为教参，这确实与学校的教学大纲很不一样。学校里的老师会说“《诗经》是我国第一部诗歌总集”，可是我们从不这样教孩子。按我们传统的“经史子集”的分类法，如果只是一部诗歌集子，那就应该归在“集”部，而《诗经》恰恰是归在“经”部。在学堂里，我们读《诗经》读到的是文武之道，读到的是对昏君的讽谏。可是同样的诗，学校里的老师说，这是写一个男子爱慕一个女子，那是写女子约男子到城墙角去约会。可怜的孩子，这让他们如何是好？我也不知道这些孩子有没有把学堂里学到的内容拿到课堂上去与老师讨论？

其实这个问题在去年开讲《诗经》时就和孩子们申明过了，不论是蒙馆，还是经馆，我们总在反复强调这点。不过，我们的说法有些“无赖”。我们让孩子们记住：“你们的试卷不是学堂老师改，是学校里的老师改，老师是按照他们手上的教学大纲判断你们的对错，所以你们在学校里答卷时，一律以学校老师为准。”而且我还很“扼杀”地告诉他们：“如果有缘，等你们上了大学，读的是国学院，那么今天学到的内容，你们可以拿来与老师和同学探讨。可是你们现在只是小学生，还没有达到那个层次，你们现在还是以听和读为主，有疑问等你们上了大学再讨论吧！”

可惜孩子们并没有掌握这“无赖”与“扼杀”的要义，又引来家长们的操心，那我今天再说两句宽慰家长的话吧。

我以为，孩子们答错试卷一两次并不重要，重要的是将来在社会、在职场遇到类似的情况时知道如何处理。相信很多家长都有这样的职场经历：被无知的上司折腾得要吐血，总是感慨着“外行指导内行”。掌握着话语权甚至是“生杀大权”的“大仙”们经常与我们的观点相反，那时的我们不就像今天的孩子吗？他们面对试卷的困惑不过是将来在职场上“答卷”的预演。

最近的课堂上，我们也和孩子提起《论语·微子第十八》中的一段：微子去之，箕子为之奴，比干谏而死。孔子曰：“殷有三仁焉。”面对大坏蛋商纣王，微子选择了离开，箕子装疯被降为奴隶，而比干是选择了以死相谏。虽然他们三人的做法不一样，但是圣人称赞他们都是“仁者”。我们还和孩子聊过《红岩》，聊起那个疯老头华子良（华子良的原型人物叫韩子栋，山东阳谷人，1933 年入党，1992 年 5 月 19 日在贵阳病逝，享年 84 岁）。他利用疯癫痴傻的伪装，与敌人展开机智的斗争，最终完成了地下党布置的越狱计划。为革命牺牲的江姐是英雄，疯老头华子良同样是英雄。

看似无关的闲聊，其实我们只想让孩子慢慢领悟到什么是“通权达变”，知道这世界不是简单的二元对立，非黑即白那么简单。

今天，孩子们面对着矛盾的选择，答错几次，摔几个跟头又有什么要紧呢？让失败教会他们思考，教会他们权变，这才是我们让孩子读经典的真正用意。读经典不是为了多识两个字，多背几篇文章，经典教给我们的是做人的道理、处世的智慧。这就又回到知止堂的教学理念上来了：带领学员从传统文化中学习自强的力量、兼容的气度、灵变的智慧，使之具有优雅的情怀和出色的文才。

经典重在悟，贵在行，这需要时间的沉淀。让我们用陪蜗牛散步的耐心，等待着孩子们成长，成长为如玉的君子。

2013 年
（癸巳年）

民俗活动篇

千门杨柳破青枝——立春节民俗活动

2 月 3 日下午，北濠东村社区的大教室里，南通中学西藏班的高中生及通师二附、实验小学北校区的孩子们一起参加了学堂壬辰年的最后一课：“千门杨柳破青枝——立春节民俗活动”。

夏历每年立春日，是为立春节。立春是华夏岁时之首，一年之始，孟春之月由此发端。《月令》描绘了这一月的景象：（孟春之月）东风解冻，蛰虫始振，鱼上冰，獭祭鱼，鸿雁来。“某日立春，盛德在木”，在太史对天子的谒拜声中，盼望已久的春天来了。春饼与春卷几乎是人们对于立春唯一的记忆了，春卷中的菜蔬残留着一抹绿色，这是立春的颜色。我们的先民是怎么过立春的？翻开岁时节令的画卷，那是一个山清水秀、春雨潇潇的立春时节。

立春日吃春饼、春卷为“咬春”。民间在立春这一天要吃一些春天的新鲜蔬菜，既为防病，又有迎接新春的意味。唐《四时宝镜》载：“立春，食芦、春饼、生菜，号‘菜盘’。”春饼，唐宋时称为春盘。清代以后制作上有了改进，其馅料由芹、韭、笋组成，表示勤劳、长久、蓬勃之意。

想“咬春”？别急，得自已动手。孩子们裹春卷的劲头还是很足的。趁春卷下锅的工夫，我们为孩子们准备了题为《华夏新年文化品读》的知识讲座，其中的趣味问答最受孩子们欢迎，因为回答正确的可以奖励春卷一根。

一百多人挤进教室，叽叽喳喳闹翻了天。孩子们玩得开心吗？那就看看他们发的博文吧！

我像捏螃蟹一样，小心翼翼地拿起一张面皮。在易铭逊奶奶教我们如何包春卷之后，我就立刻开工了。我挑起一双筷子，看了看馅儿：韭菜。它们在托盘里泛着绿莹莹的光泽，好看极了。我轻轻地夹起一点馅儿，然后飞快地塞到皮子里，看到馅儿不够，又飞快地塞一点儿，直到觉得足够了为止。接下来，我学着易铭逊奶奶的样子，试着用面皮包住馅儿。可是，馅儿好像不听指挥似的，我包一点儿，它就滑下去一点儿，活脱脱一个顽皮的孩子。我费了九牛二虎之力，终于把皮儿“裹”在了馅儿身上，给馅儿穿上了厚厚的“棉衣”。我按了按，牢牢的，很结实，只是颜色丑了点儿：一半儿黄的，一半儿绿的。我又接过一张皮儿，吸取上次的经验，“慢条斯理”地包了起来。“做事不能急，心急吃不了热豆腐”，我一遍遍督促自己用心慢慢包。通过努力，我终于包好了。嗯，虽然还不是很漂亮，但比上次的好看多了。一会儿，老师来收我们包好的春卷啦！我们把春卷摆在盘子里，盘子堆成了一座“小山”。想到马上就可以吃到美味的春卷，人人脸上都洋溢着欢乐的笑容。

在漫长的等待时间里，胡老师为我们讲解了过年的习俗及意义。立春象征着春天的来临，春节的脚步又临近啦！胡老师还出了几道抢答题，答对的还是有奖品的呢！春卷正好新鲜出锅了，所以奖品就是春卷啦！看着新鲜美味的春卷，同学们直流口水。望着屏幕上的题目，同学们有的紧锁眉头，像是在沉思；有的挠挠头发，绞尽脑汁，最终露出愉快的笑容；有的高高举起手，看老师没叫到他，便拢向台前；有的甚至还挤到台上去了呢！我也不甘示弱，站在位置上，高高地举起手来。个子高就是沾光，最后一题被我抢到了。我从容不迫地上台回答了问题。这是一道四问的比较难的题目，有4位同学上台回答。我们站在台上，台下的同学们个个露出了羡慕的目光。

——陆徐东

在知止堂学到的东西还真是不少啊！让我知道了今天就是立春。昨天，为了迎接立春的到来，我们在濠东社区包了春卷，在吃的时候，感觉特别香。为什么呢？因为那是我们自己做的春卷！告诉你们哦！春卷有3种馅儿，寓意着朝气蓬勃的笋丝、寓意着幸福长长久久的韭菜和寓意着勤劳能干的芹菜。

——高鹏飞

南通义工联的义工和他们服务的老人也来参加活动了。中华民俗文化把老老少少连在了一起，消除了代沟。

孩子们玩得开心时，可别忘了这幕后忙碌的庞大的家长义工团队。从布置教室、择菜、炸春卷到活动结束后的场地打扫，他们的付出是活动成功的保障。易铭逊奶奶、俞勋民奶奶、秦袁瑗妈妈、周洋妈妈、李比昕妈妈、王逸涵爸爸、刘吉洋妈妈、顾任思雨妈妈、陈嘉仪妈妈、严若磐妈妈、高鹏飞妈妈、万乐凡妈妈、季铭扬妈妈、毛贝宁妈妈，等等……特别是陆徐东，爸爸妈妈都来做义工了。在父母的影响下，陆徐东也拿起拖把和家长们一起把教室打扫干净。这是今天活动最值得回味的地方。

活动前还有一个小花絮，让我们不禁生出些感慨。孩子们整好队伍准备进场时，我在学堂队伍中发现了几个新面孔，便问家长："这是哪个学校的？"原本是想让他们站到各自学校的队伍里，但这个妈妈很镇定地回答："我们是这个班的。"我一愣，脱口而出："我是这个班的老师，我怎么不认识他们？"妈妈笑了，说他们是听到消息自己来的，“就让他们参加吧”。我也笑了。

谁说中国的节日不吸引孩子，谁说过年没意思？我们从2008年开始，中秋、冬至、春节、元宵、上巳、清明、端午、七夕、重阳，民俗活动年年重复，年年“炒冷饭”，可是参加活动的孩子们依然兴致不减。北濠东村社区及辖区共建学校的老师也是一次次组织孩子们来参加这些活动。除了政府的重视外，我想，如果活动脱离了传统文化的内涵、脱离了民族性，只剩下吃吃喝喝时，还会有人来吗？

民俗，一头连接着过去，另一头连接着未来。民俗是一个完整的文化生态，它涉及信仰、伦理、情感、文化方式等人性的方方面面，有中国人的地方，有中华传统文化的地方，中华节日及风俗就一定不会消失。

癸巳元宵：灯树千光照，明月逐人来

又是一年闹元宵，这已是学堂连续举办的第五次元宵节民俗活动了。5年来，我们一直沿用着这个活动主题，而参加活动的孩子换了一批又一批，传统习俗就这样被我们一次次演绎着。

今天的活动像以往一样，不光有学堂的孩子，还有二附的学生及附近闻讯而来的居民。这也让我们越来越有压力，参加活动的人太多了，如何把活动组织好，让大朋友、小朋友们都开心呢？幸好除了义工老师外，我们还有家长义工：徐映雪妈妈、刘吉洋妈妈、陆欣怡妈妈、高鹏飞妈妈、严若磐妈妈、黄璎珞妈妈、顾任思雨妈妈、陈嘉仪妈妈、王逸涵爸爸、季语欣爸爸。在大家的努力下，我们这次上百人参加的闹元宵活动终于顺利结束了。

放烧火是我们的传统，听说有很多人就是冲着这个来的。曾经在农村田野上飞舞的火龙，如今还有几人记得，更不用说城市里的孩子了。

放烧火啰！虽然只是远远地看着，但孩子们已经很开心了。当我们用南通话喊着“正月半、二月半，家家人家放烧火，我家的菜上了街，人家的菜才在栽；我家的菜盘篮大，人家的菜铜钱大”时，有个参加活动的小朋友说，今天爷爷才和他讲过呢。孩子们，如果你们还想知道更多关于南通人过元宵的习俗，那就快快回家问问爷爷奶奶们吧！

元宵节不能少了花灯，为了倡导绿色环保生活理念，今年的花灯我们提议孩子们用易拉罐做一个。结果呢，我们觉得，这个题目是出给爸爸们的，大家打一下分吧，今天哪位爸爸可称得上是“巧手爸爸”呢？

最后一项活动是“走三桥”。义工老师李晨玲走在最前面举香开道，其他人紧随其后，我们在社区里先后走过三座桥，这叫作“度厄”。据说，过桥者能保一年腰腿无病，健康长寿。它表现了人们渴望拥有健康身体和幸福生活的美好愿望。有意思的是，我们原计划在行进过程中让孩子们念点什么，免得无聊。结果发现，不用组织，就是这样三三两两，边走边聊，也很开心，这不就是现在很流行的徒步运动么？于是，我也恍然大悟：在元宵节的晚上，南方人吃过元宵后出来走走，看看花灯，顺便消下食，后来就慢慢演变成了“走三桥”的习俗。这种说法是不是也有些道理呢？

清明祭拜文山先生

癸巳年，清明。

在青松、鲜花与流水的围绕下，位于东华塔陵园内的文天祥祠一片庄严肃穆。阳光静静地洒在院子里，让人不禁联想起文山先生的《正气歌》，浩然正气，天地长存。

由共青团崇川区区委指导协调，南通东华塔陵园、观音山街道、北濠东村社区及知止堂义学共同承办的“清明祭拜文山先生暨文山先生诗钞朗诵会”在这里进行。

说到南通有文天祥祠，很多人都觉得意外，没想到文山先生与南通还有这么一段渊源：公元1276年农历3月，文天祥为躲避元兵的追捕，率领部下7人来到南通，并逗留20多天。期间，他的部下金应将军病死在南通，兵荒马乱之际，无法运送棺柩回金应的江西老家。便由通州知州杨师亮在通州西门外雪窖边（原铁星桥旁将军巷，今将军园附近），买了块地，草草地埋葬，想等天下略微太平，再起回原籍重新安葬。但移骨终未能实现，直到清顺治十六年（公元1659年），南昌王猷定见金应墓倾，骨露洪水中，请于知州准其移葬于狼山南麓。到乾隆年间，墓又倾颓。刘名芳从荒草中觅得旧碑及文天祥诗，解衣典质鸠工修治，并得到丁有煜资助，从此古迹得以保存至今。

“臣心一片磁针石，不指南方不肯休。”这是文天祥在南通期间以他忠心不二、百折不回的坚贞凝成的诗句。他从一介书生成长为真正的战士，而他在南通的遗迹也教育激励了千千万万后人。名相烈士，合为一传，三千年间，人不两见。今天，我们怀着对英雄的崇敬，来到这里，向英雄表达了我们的敬意。

祭拜仪式结束后，文山先生诗钞之南通篇朗诵会开始了。来自观音山八一小学及学堂的孩子分成智、仁、勇3个组，朗诵了文山先生的24篇诗词。

朗诵完诗篇，在东华塔陵园工作人员的讲解下，大家参观了文天祥祠和新建的塔陵人文纪念馆等，进一步了解了家乡历史和人文。坐落在东华塔陵园管理处东侧的文天祥祠复建于2008年，由主展厅、竹林山景、廊道石舫、义马墓等组成。主展厅采用仿宋古建风格，陈列展示了文天祥忠贞报国、一身正气、宁死不屈

祭拜文山先生

的英勇事迹和纪念篇章。

生于忧患，死于安乐。和平时期，孩子们更需要英雄教育与爱国教育。英雄的浩然正气如阳光般照进孩子们的心灵。

在今天祭拜文天祥的仪式中，给我印象最深的是“三敬酒”。当时，黄奕雯先将一个小瓶子里的酒倒到小酒杯里，然后胡老师接过去，把酒杯举过头顶，然后行高揖礼，最后将酒洒在地上。就这样，一直重复了3次，其实这杯子里装的不仅是酒，还有我们对文丞相深深的敬意！祭拜过文天祥后，工作人员带我们参观了文天祥的词和生世。文天祥一生坎坷，曾多次被元军追捕，正如他诗中的一句：“只从海上寻归路，便是当年不死方。”是说当时走陆路将会被元朝军队抓捕，只好走海上，但是我还是被他的那颗爱国之心所折服。他让我知道：人人都要有一颗爱国之心，都要为国出份力。

——高鹏飞

“我们的活动现在开始，请赞礼上台！”胡老师一声令下，我担任赞礼，走上台，主持了这场祭祀活动。同学们在我的口令下，行高揖礼，胡老师三上香、三敬酒，并且宣读了祭文，并且焚烧了祭文；接着，我们进行了“文山先生诗钞之南通篇朗诵会”。我们分为“智”“勇”“仁”三组轮流诵读，共朗诵了24篇，每组朗诵8篇。我们陶醉在其中，在我们朗朗的诵读声中，我发现有许许多多不是我们知止堂义学的同学和家长也参加了我们的活动。

——陆徐东

清明就应该是在肃穆中度过的节日。今天，在东华塔陵园，伴随着祝词、香炉、白酒、供果，朗朗书声成为知止堂国学班每个孩子的记忆。诵着诗文，读着佳作，我们一起走访您——文山先生。文山先生可谓是中国名人之一，他对宋王朝忠心耿耿，在被俘于元营时，多次义无反顾地表达对大宋的忠心。后来，在押送途中他成功逃脱，在南通县中滞留数日，南下后试图领导未归降的汉人起兵反抗，最终结局惨烈。文山先生对国家的忠、对人民的爱、对兄弟的义、对朋友的情，远远超出了“忠义”二字。任何华丽的语言在文山先生面前都显得那么苍白。

——杨知非

行完礼，胡老师三上香，三敬酒，表达了对文天祥的崇敬之情。“诗朗诵正式开始！”胡老师说道。我们分为“智、勇、仁”三组，依次朗诵了文天祥在南通留下的24首诗。我们这组的杨知非读得特有感情，声音也特别大。我怀着不舍的心情离开了文天祥祠，文天祥的事迹教育激励了千千万万的后人。

——顾任思雨

又是一度清明节，今天，胡老师带我们一起去观音山东华塔陵园祭南宋爱国政治家——文公天祥，即文天祥。胡老师还为其三上香，三祭酒，读祭文。我们还诵读了《文天祥诗钞之南通篇》，是啊，“通州一抔土，相望泪如倾”。在参观了文天祥的生平后，我更体会到了“忠”与“义”的存在！

——季铭扬

今天下午，我参加了祭拜文天祥的活动，活动在一片庄严的气氛中举行。这次活动让我知道了古人文天祥是南宋著名的民族英雄，他一身浩然正气，值得我学习。这次胡老师组织的活动很有教育意义，我希望以后能多参加这样的活动，认识更多的历史人物、学到更多有关的知识。

——黄唯林

今天是清明节，我们去塔陵文天祥祠举行了祭拜仪式，接着我们分成仁、智、勇 3 个组分别朗诵了文天祥写的诗歌。讲解员为我们讲解了文天祥的生平事迹，我了解到文天祥是一位伟大的爱国英雄和诗人。

——陈嘉仪

八一小学的学生给我们留下了深刻的印象，虽然他们是第一次参加这样的活动，第一次看到广袖飘飘的汉服，但是好奇心很快被对英雄的崇敬之情所替代。他们一丝不苟地学行礼，非常严肃地参加完整个活动。他们表现出来的知书达理的气度值得我们学习。

我们队伍中几个还在上幼儿园的小姑娘孔一诺、尤乐凡有模有样地朗诵，也让他们惊叹。

除了孩子外，我们留给东华塔陵园的工作人员的印象是“全是义工”，活动成功地举办，各个环节有条不紊地进行，背后是家长义工的付出。家长们用行动在清明节为孩子们上了一堂精彩的公益课。

中华母亲节：我爱我家亲子活动在绿谷

5 月 11 日，农历四月初二，是孟子的生日，也是中华母亲节。

不同文化的母亲节形象代表都有不同的文化个性，流淌着自己民族文化的血液，承载着自己民族的民族精神。中华母亲节不仅教育年轻一代感念母爱，还要让母亲学习、感悟贤母品质，更好地培养下一代。

在这样一个影响着家长与孩子的节日里，由北濠东村组织的新市民家庭及知止堂义学、南通义工联亲子家庭 70 多人相聚城市绿谷，在游戏中感受母爱的热烈。

围绕中华母亲节的内涵，今天的活动设计了三大主题：有体现母子之间默契的两人三脚跑比赛，有展示家庭主妇厨艺的巧手妈妈比拼，还有才艺宝宝的文艺表演。在孩子们的欢声笑语中，亲子家庭轮番展示。多才多艺的孩子身后是妈妈们对素质教育的参与，是对培养下一代辛勤的付出；色香味俱佳的美食是出自上得厅堂、下得厨房的妈妈之手，对妈妈来说，职业与家庭永远是人生的主旋律。

今天的活动奖品也很特别，是由南通纺院狼山秀布艺工作室提供的布手艺作品。在这些温暖的布艺作品中，我们感受到的是被誉为“母亲的艺术”——中国传统女红技艺。希望通过这些奖品，唤起更多的年轻妈妈们拿起针线，在丝丝缕缕的缠绕中，把中国人传统的家庭观一代代延续下去。

但愿这个属于我们中国人的节日给大家带来的不仅是热闹与欢乐，还有对家庭教育、对民族未来的思考。

年年端午祭屈原

2013 年 6 月 12 日，癸巳年端午。

知止堂的孩子们又来到濠河畔祭拜屈原。

从 2009 年开始，每年的端午总会有一拨又一拨的孩子和我们一起，用传统的仪式表达着对屈原的尊敬，用这样的方式感受传统的节俗。

今年的端午祭，依然由南通古琴研究会的琴人抚琴，依然由学堂的师生担任主祭等职，依然有满怀好奇的孩子。唯一不同的是多了位会说汉语且对中国文化很感兴趣的老外——来自法国的 Max。

祭屈子，游濠河，大爱与小爱，折射的是国与家的关系，这

端午祭屈原

是中国传统知识分子绕不开的情结。这份情感，千年之后，沉淀了多少欲说还休的故事。

感受中式生活

越来越庆幸生活在这个多元的时代，就像那习以为常的日历一样，平时工作用西历，生活记事用农历，不别扭，不麻烦，也没有觉得必须在这方面进行个统一，只许其一存在。

2013 年 6 月 12 日，是三天小长假的最后一天，也是一个中国人特别重要的节日——端午。

在这一天，我们应恒昙精舍的邀请，和江海小记者一起，感受了一种传统的生活方式，或者说是中式生活。

走进位于滨江公园内的恒昙精舍，映入眼帘的是那些字画、散发着乡土味的蓝印花布以及有些奢华味道的红木家具。小记者说这里有古代的感觉，像穿越了一样。带给他们穿越感的不只是这里的摆设，还有今天的主题活动——品茗、习礼、做香袋，一场中式生活的体验。

恒昙精舍的茶艺师为孩子们表演茶艺，着汉服古筝伴奏的自然是学堂的小才女顾任思雨。在这里，小记者们第一次见到传统拜师礼，知道了我们穿的是汉服。在女红传习义工刘爱武、沈小燕的辅导下，当然，最重要的是在爸爸妈妈的帮助下，孩子们还完成了香袋的制作。这是让他们最开心的事情，很有成就感呢！

农历六月六晒书节　体验风雅传统

7 月 13 日，农历六月初六，数字很吉利，更是个特别的日子：这一天，古人流行“晒书”，梅雨刚过，艳阳高照，家家户户要在院子里把书籍拿出来见见阳光。

在江淮流域的下游，由于梅雨季节时间较长，家中的棉被、冬衣、书等存放的物品会受潮发霉。所以到三伏天的时候，将家中所有在柜子、箱子、橱子里的东西拿出来，到太阳下暴晒一日，去除物品上的湿气。经此一晒，所有的东西到冬天也不会发霉了。

农历六月初六晒书的风俗，现代人已经少有耳闻，不过在古代却是很风雅的传统。

清人潘平隽在《六月六日晒书诗》中曾这样写道："三伏乘朝爽，闲庭散旧编。如游千载上，与结半生缘。读喜年非耄，题惊岁又迁。呼儿勤检点，家世只青毡。"

最早六月初六为"天贶（音同'况'）节"，相传起源于唐代。高僧玄奘从西天取经回国，过海时，经文被海水浸湿，于六月初六将经文取出晒干。这段典故经过《西游记》的润色后被广为传颂。

也有一说晒书节起源于宋代。宋真宗赵恒嗜好文学，他的名句"书中自有黄金屋，书中自有颜如玉"一直流传至今。某年的六月初六，赵恒做了一个梦，梦见玉皇大帝赐给他一本书，说："保其书则保尔国。"说完后，赵恒醒了，他发现手里果真执一书。于是赵恒谨遵玉帝之言，每年六月六晒书一次，以防止书发霉被蚀。传到民间后，百姓们也为了防灾防祸，而在这一天晒书。

最后一种传说来自康熙年间，著名学者朱彝尊满腹经纶，他在六月初六这天袒肚露胸晒太阳，谓之"晒书"。这情景被微服出巡的康熙看见，后经交谈和面试，封朱彝尊为翰林院检讨，负责撰修明史。此后，读书人都要在这一天晒诗书、晒字画，就叫作"晒书节"。

晒书节

而今，举办晒书节，更多的是为晒出一份传统意境。同时，“晒”字在今天，还有秀、展示的意思。所以今天的晒书会，喜欢给孩子们营造一个书香的意境，告诉他们一个和书有关的节日。

一样的中秋，别样的风情

又到中秋，孩子们最盼望的就是过中秋节了。吃月饼不重要，重要的是做月饼，而且和那么多人一起做。今年和谁呢？

请和我们一起走进和平桥街道五楼会议室，参加 9 月 15 日下午在那里举行的“我们的节日，浓情中秋——和平桥街道第五届民族民俗文化节”。

这次是中英文双语主持人。也许你会奇怪，说英语是因为时尚吗？不，是因为有外国友人参加。老外们对中国的文化非常感兴趣，也跟着比画一下太极。与内敛的中国人不同，老外们可大方了，看看这位学京剧的兴致，扮上全副行头之后，是不是一位西域美人呢？

小朋友们也带去了 3 个节目：古筝、小提琴和京剧，可谓学贯中西了。尤其是这次唱京剧的队伍好庞大啊，连幼儿园的小朋友也上场了。一段唱罢，坐在下面的京剧票友社的爷爷奶奶们情不自禁地跟着节奏为他们打起拍子来。

最让我们期待的还是做月饼，今年我们做的是冰皮月饼。当我们感受着做月饼的乐趣时，特别要感谢成珺妈妈和秦袁瑗妈妈，十几斤的面和馅儿都是她们先蒸熟了带过来的。还要感谢我们的家长会义工陈嘉仪妈妈、成睿妈妈、吴雨桐妈妈、朱俊超妈妈、王嘉文妈妈、屈元浩妈妈、顾瑞轩妈妈、李想妈妈、顾任思雨爸爸……因为大家的辛勤付出，又给我们留下一段精彩的回忆。

重阳节：追寻南通公益慈善前辈的足迹

又逢重阳佳节，重阳节又称敬老节。九为阳数之极，“九九”亦含长久、长寿之意，重阳菊花则是长寿之草，重阳时节正值民间秋祭荐祖，故重阳节便有了尊老敬老之意。登高、赏菊、插茱萸，时代的变迁，有些习俗已不多见，但尊老敬老，依然是我们民族的传统美德。

说到南通的敬老传统，不能不提到先贤张謇先生。1913 年，他创办了养老院。张謇先生饱读儒家经典。他创办慈善事业，就是源于他思想深处积淀的儒家传统文化养分。除养老院外，他还于 1906 年创办了育婴堂，1914 年创办贫民工场，1916 年创办盲哑学校，1916 年创办残废院等。张謇先生为推进中国慈善事业所做的思考和实践，今天仍使人感到亲切而深受启发。

10 月 13 日，重阳节。南通义工联、陆善洪工作室、飞鹤集团爱心车队、知止堂义学、和平桥居家养老中心、北濠东村社区、板桥社区和四宜糕团店联合举办“追寻南通公益慈善前辈的足迹”活动，各团队的义工及服务对象，老老少少 110 多人前往海门张謇纪念馆，缅怀南通的公益慈善事业先驱。

汽车从北濠东村出发，车厢成了课堂，从那副有名的对联“人骑白马门前过，我踏金鳌海上来”讲到张謇先生实业报国、创造了事业巅峰的辉煌，以及无力挽狂澜的悲哀。

听得最仔细的莫过于老人们了，说到张謇，当然要说到张謇先生在通城建的几座公园，“小时候，我就在那里玩的”。东、西、南、北、中，你还能说出大概所在地吗？

走进张謇先生纪念馆，民国建筑风格的纪念馆外景及陈列的实物也让老南通人感到亲切。那些酒壶、铜脸盆、竹箱，还都是记忆中的模样。这似乎在暗示着我们：张謇先生的精神还在，南通人乐善好施的传统还在。

我想很多人和我一样，不仅被张謇先生的事迹打动，也被这群年轻人打动。来自南通义工联的义工们，他们抬着轮椅上的老人参观纪念馆，这当中，要过小桥、过门槛，还要上下二楼……照片最左边的“老年轻人”就是义工联的秘书长陈炳生，一名公职人员。论年龄，也是当爷爷的人了，可是他和小伙子们一起服务老人，一点都不含糊。不知道的还以为他们是一家子出游呢？亲眼看到他们的服务，也就明白为什么这样一支公益团队能获得那么多的荣誉了，由衷佩服！

午餐过后，休息一会儿，我们准备了小礼物送给孩子们。当然，要拿礼物，就要说出今天他有哪些行为可称得上是孝行。“我扶奶奶了。”“我帮妈妈剥橘子。”“我给爷爷奶奶让路了。”眼看我手中的礼物快分完了，这时有位奶奶径直过来，指着礼物就要。呃，好吧……我给。谁知奶奶一转身就把礼物送给紧跟身后的小伙子了。大家都笑了。原来这位奶奶也是义工联的服务对象，义工们一路照顾得如何，她的心里可明白着呢！这不，豁出老脸了，来和小孩子们抢礼物。也许在她的心中，这个高高的小伙子就是自家的孙子，所以奶奶要疼着、宠着的。

古人说“读万卷书，行万里路”，读书与行路是一体的。今天的老少出游，也拉开了和平桥街道全民终身学习活动周的序幕——街道向知止堂义学赠送了50本《说解二十四孝》，这本书是知止堂义工老师的讲课资料。此次印刷成册，也是为了向更多的居民宣传传统的孝道，更好地支持知止堂的教学。而知止堂义学也向街道赠送了《群书治要360》，今后学堂还会配合终身学习活动开展面向居民的国学讲座活动。

在今天的活动中，四宜糕团店还向老人们赠送了重阳糕。

要告别了，让我们把歌声留下来，没有伴奏音乐，没有话筒，但一样可以很开心。义工联的东子凭着其专业水准的演唱，一下子把气氛调动起来；小姑娘徐映雪也献歌一首。这位爷爷的兴致更高，他先用俄语演唱了一首《喀秋莎》，又表演了一段三步舞。老有所乐哦。

老吾老以及人之老，希望有更多的人来关注老人。关注老人，就是关注我们的明天，让我们用爱来建设我们和谐的家园。

特色课程篇

启动“子不语网络读书会”活动

有一句话我们经常提起，“培养孩子，成长自己”。看着孩子一天天长大，我们与孩子一同成长了吗？

湖南贺益德先生曾说道：“父母因为是全权负责人，所以自然以身作则；父母与老师关系直接，所以声气相通、事事落实；于是教学相长，共同进步，往往高素质的学生成就了，高素质的父母、高素质的老师也一并成就了；传承到两、三代，就会出现‘家学渊源’‘书香门第’。”这又是多么让人向往的明天啊！

可是，当我们想静下心来读书时，往往有很多推脱的理由，工作太忙，家务太累……

知止堂义学从 2013 年开始，愿意同想读书却又没有时间读书的朋友一起，启动“子不语网络读书会”活动：每天少聊几句闲话，抽出三五分钟，读一段经典，感悟一段圣贤的智慧，一点点充盈自己的人生。

“子不语”取自《论语·述而第七》：“子不语怪力乱神。”子不语，故我们也不语。在这里，我们只关注自我学识的提升，关注自我人格的培养，重在感受、传递身边健康、积极、向上的正能量。

“子不语网络读书会”依托学堂原有的两个家长QQ群，由网络义工按计划，每天在QQ群及群论坛里分享一段国学经典。学习内容包括必读内容（周六、周日同步学堂蒙馆课程，工作日学习其他内容）及朋友的自由分享。愿我们在三言两语的分享中，碰撞出思想的火花，从经典中学习自强的力量、灵变的智慧、兼容的气度及出色的文才、优雅的情怀，给我们的安身立命、为人处世找到成功的钥匙。

1月4日，“子不语网络读书会”正式启动，目前的必读内容为《群书治要360》《孟子》《诗经》。

我们也期待有更多喜欢传统文化的朋友加入到我们的读书活动中来，让我们“以圣贤为师，与经典为友”，一起传承、弘扬中华民族的优秀文化！

开启诗意人生之门——诗词创作和欣赏公益讲座侧记

为传承崇川文脉，再兴地方诗学，4月29日，由共青团崇川区区委、和平桥街道、北濠东村社区主办，中心美术馆和知止堂义学共同承办的“诗意·人生——诗词创作和欣赏公益讲座”在中心美术馆举行。古琴、诗词及濠河的风光，在这个假日，成为我们诗意的栖息。

在清雅的古琴曲中，诗友们停下了交流，忘记了忙碌的俗事，心在这一刻沉寂，诗意在这一刻萌发。梅庵琴派弟子王娅妮师从国家级非遗项目梅庵派古琴传承人王永昌先生。王先生与他的弟子们也是知止堂多年的老朋友，一直支持着传统文化推广与传承的公益活动。

南通，人杰地灵，诗文传统已数千年。宋人王观，如皋人，他的《卜算子 · 送鲍浩然之浙东》“水是眼波横，山是眉峰聚。欲问行人去那边，眉眼盈盈处”句，写尽江南山水之意，更为世人传诵。今天的南通，诗文传统一直未断，诗词爱好者比比皆是。为了使更多市民能领略到诗词之美，此次公益讲座特邀请了来自北京居庸诗社的江南雨先生前来讲学。江南雨先生从“诗与人生的三个问题”和“如何成就诗意人生”两大主题，通过列举大家耳熟能详的诗词，以专业的角度、风趣的语言进行了解说。整场讲座，听众们不时发出会心的笑声。

在讲座过程中，江南雨先生还与听众进行了互动交流，并以《海岳天风集》与诗词爱好者结缘。

今天前来听讲的市民上至白发长者，下至小学生，这也给江南雨先生留下了深刻的印象。他说，今天的讲座，对这些孩子来说，不知道能不能听懂十分之一，但是他们能坚持听完两个半小时，真是难得。从这些孩子身上，他看到了南通诗学的明天。

戏剧欣赏入学堂

20 世纪 90 年代，有首戏歌叫《说唱脸谱》，歌中唱道：“说实话京剧脸谱本来确实挺好看，可唱的说的全是方言怎么听也不懂，慢慢腾腾咿咿呀呀哼上老半天，乐队伴奏一听光是锣鼓家伙，咙个哩个三大件，这怎么能够跟上时代跟上潮流，吸引当代小青年……”这被誉为“国粹”的京剧，能吸引 90 后，甚至 00 后吗？

7 月 7 日，我们的课堂上又多了一个让孩子们兴奋的环节，弘扬中华优秀传统文化之中国传统戏曲。这也是知止堂义学的使命。这个暑假，北濠东村戏剧票友社的负责人鲁素娟老师走进了我们的课堂，带领孩子们一起欣赏京剧，学唱京剧。

北濠东村戏剧票友社是一个为传承中华民族传统文化，弘扬国粹的公益组织。他们希望通过与学堂的合作，能让孩子们了解国粹，爱上国粹，参与到学戏中来，把我们祖国的非物质文化遗产传承下去。

鲁老师的第一次亮相，就让孩子们感到兴奋，她不仅带来了京剧大师梅兰芳先生的《贵妃醉酒》视频，更重要的是她还教孩子们学唱京剧，从坐姿、嘴型到吐气、发音方法。她说一样，孩子们学一样，唱得如何不评说，但是孩子们的学唱兴趣绝对是高涨。

由于时间短暂，今天的课堂上没能学多少，不过，鲁老师已经透露了，就从念白开始，我们慢慢学，不但学唱，还要学甩水袖、走台步……好期待这些内容啊！

知止堂义学成为首师大儒教研究中心实习基地

日前，知止堂义学与首都师范大学儒教研究中心签署了合作协议书，学堂成为首师大儒教研究中心的实习基地。双方将共同做好中华优秀传统文化在基层的公益推广工作，培养中华优秀传统文化的传承人，为中华优秀传统文化的复兴、为中国梦的实现尽一己之力。

根据协议书，今后，首师大儒教研究中心将通过网络对知止堂义工老师进行传统文化知识体系的培训，提升教学能力；为知止堂开展的传统文化公益项目提供师资等方面的支持，协助知止堂做好传统文化在基层的推广工作；组织知止堂义工老师参加由他们组织的各类传统文化公益培训班、夏令营等活动。

同时，知止堂将为首师大儒教研究中心理论研究提供相应的课题资料、实践分析，并收集相关资料；为首师大儒教研究中心机构人员参加社会公益实践提供工作岗位，协助传统文化公益项目调研与推广工作的开展。

此次合作，是民间机构与院校学者合作的一次尝试。对于这样的尝试，首师大儒教研究中心主任陈明教授非常期待。他认为这样可以整合社会各方面的资源，有利于扩大传统文化公益推广的影响与覆盖面；同时，更是作为中国传统知识分子主动承担历史责任与社会责任的一种表现。他希望经过这种形式的合作，让更多的学者能走出书房，步入基层，共同推动中华优秀传统文化的复兴。

文艺演出篇

琴诗合璧——参加梅庵派古琴艺术新春音乐会

2月14日下午，由南通市非物质文化遗产保护中心主办，南通古琴研究会承办，雷音琴坊、南通市城市博物馆协办的人类非物质文化遗产代表作“梅庵派古琴艺术2013年新春音乐会”在城市博物馆水天讲堂举行。

古琴，在2003年已被列入第二批联合国的非物质文化遗产名录。梅庵琴派是民国初年崛起的一个新兴琴派，1929年在南通成立的梅庵琴社，不久刊印《梅庵琴谱》，被琴坛称为“梅庵派”。“梅庵派古琴艺术”已被列入国家级非物质文化遗产保护名录和省、市非物质文化遗产保护项目，并被列入南通市崇川区民族民间文化保护工程。

一曲古琴与国乐合奏的梅庵派代表琴曲《关山月》，拉开了琴会的序幕，这是1931年版《梅庵琴谱》收纳的古琴名曲。梅庵琴派第三代代表、国家级传承人王永昌先生的古琴独奏《平沙落雁》是琴会的压轴曲目。琴坛有“半曲平沙走天下”之说，而由梅庵琴派第一代代表人物王燕卿精心打谱并创作增加“雁鸣”乐段后，该曲更为精彩而且难度极高。

受王先生的邀请，知止堂义学“小小小剧社”的徐彧文、黄奕雯、顾任思雨、高鹏飞、易铭逊、尤乐凡带去了经典连诵为琴会助兴。演员中既有参加过多场大型演出的徐彧文、易铭逊，也有第一次登台的尤乐凡，新老搭配的阵容让节目多了一些看点，尤其是尤乐凡奶声奶气地朗诵《三字经》更是让大家一下子喜欢上这个汉服小姑娘。

传统与时尚的对接：汉服在动漫展

当孩子们听说我们要参加Cosplay的演出时,第一反应是“老师，我们穿越了吧？”

家长听到Cosplay时的第一反应是求play的余弦值吗？

大大小小都有疑问，可见这次演出的“重要性”了。

4月5日，唐闸1895文化园，“TOT动漫游戏展MS音乐祭”在淅沥的春雨中开始了。

学堂师生一起为观众们带去了传统拜师礼的展示。中国文化，师徒模式，这是中国的精粹。师傅可以放心地教授，徒弟才能真正得到传承和学习。今天，知止堂义学的师生们将为各位来宾演示传统的拜师礼仪程序，一起感受传统文化带给现代文明的启迪。

感觉参加这些活动的年轻人对传统文化的了解非常少，但是汉服的出场还是让他们发出惊叹。

孩子们的表演非常认真，尤其是向夫子像行跪拜礼时都毫不犹豫地跪在湿透了的舞台上。等到他们一下场，两个小罗莉就汇报了：老师，我的汉服湿了，裤子也湿了。孩子们的敬业精神可不输大牌明星啊！

拜师礼

传统拜师礼展示参加南通广播电视台小记者团才艺展示专场演出

4月30日下午，南通电台财经频率小记者团专场演出在滨江公园举行，FM103频率进行同步直播。

受少儿节目的邀请，我们的传统拜师仪式也再一次和市民朋友们见面了。经常收听电台FM103频率的《YOYO少儿节目》的朋友一定会发现，每周六晚的“空中国学课堂”的嘉宾就是我们学堂的义工老师。这档节目开办于2011年，已坚持了3年。通过电波，我们不仅可以和听众朋友们分享国学知识，节目也成为我们展示团队的又一个平台。此次演出中，主持人多次提到知止堂，当轮到我们的节目时，更是不遗余力地宣传，直接在节目中为我们“拉”生源。真是太感谢他们了！知止堂的成长，也正是因为有许许多多这样的朋友在支持着我们，再一次感谢大家！

传统拜师礼参加南通电台FM92.9六一节“乖乖猴”欢乐家庭日活动

2013年的“六一”适逢周末，欢乐成了全家总动员。不过，对学堂“小小小剧社”的孩子们来说，可不是玩的日子，因为我们还有演出任务。

南通电台FM92.9“六一”节“乖乖猴”欢乐家庭日活动在文峰奔驰店举行，这是我们第一次参加交通频率的活动。虽然今天的舞台不够华丽，可是孩子们依然提前到场。走台、彩排，一丝不苟，孩子们正是凭着这种专业、敬业精神，赢得了叔叔阿姨们的喜爱。

今天的文峰奔驰店是孩子们的乐园，店门口是米老鼠在欢迎着小客人，店内孩子们的嬉闹声充斥大厅。除了参加演出的孩子们，今天赶来看演出、参与活动的家庭也不少。

值得一提的是文峰奔驰店里那些帅气的哥哥和漂亮的姐姐们，当我们需要他们配合时，他们总是微笑着答应，并很快地给我们落实好。这就是职业素养，希望我们的小演员们也能向他们学习。当然，最关键的是要学会他们那样微笑，因为微笑可以缩短人与人之间的距离。

今天的演出，让孩子们意外的是收到了一份礼物。不知道其他的孩子会怎么想，剧社的小精灵吴雨桐在回来的路上，一边心满意足地摆弄着她的礼物——一套迪士尼的组合文具，一边自言自语地说：“我们有时候演出有礼物，有时候演出没有礼物，因为如果每次都给我们礼物，其他小朋友会不高兴的。”谁说孩子小不懂事，这个小不点儿可记着账呢。“因为如果每次都给我们礼物，其他小朋友会不高兴的。”这个分析太精妙了，知足常乐，愿她永远快乐！

《孙小空不见了》首场公演庆南通知止堂五周年

南通网讯　2013 年 8 月 17 日下午，南通市崇川区“优秀社会组织”知止堂义学在南通市中心美术馆举办五周年庆祝活动，由学堂“小小小剧社”社员们组织表演的儿童剧《孙小空不见了》赢得了家长和观众们的热烈好评。

《孙小空不见了》以儿童的视角，讲述了他们眼中的文明城市以及如何做一名文明市民。知止堂义学平日里的免费授课就是本着复兴传统文化、培植经典诵读的风气，为传承中华千年文明做一份贡献，把孩子培养成为有气质、有人文素养，符合我们民族传统道德观、价值观的君子。而这部儿童剧《孙小空不见了》正是很好地体现了知止堂义学的教学成果。

《孙小空不见了》的成功首演，得到了和平桥街道北濠东村社区及社会各界的关心支持，大家表示今后还要继续关注知止堂义学，更好地去关心下一代的素质文明教育。

知止堂义学下设蒙馆、经馆、子不语网络读书会、布手艺课堂。知止堂义学还被南通市崇川区授予“区首批三星级文化团队”，义工老师还被授予“全国五星级志愿者”“南通市优秀志愿者”“南通市未成年人思想道德建设工作先进个人”等各级、各类荣誉称号。

暑假里的最后一场演出

8 月 31 日，踩着暑假的尾巴，我们赶上了最后一场演出——北濠东村社区第十六届“东村之夏”文艺晚会。虽然社区的舞台显得有些简单，但是当初我们就是从这里起步的。所以对我们来说，没参加过社区的演出，就不算“大明星”。

大明星到——

首先是学堂的招牌节目——经典连诵。特别要推荐的是易铭逊、周洋组合，这可是他们第一次配合。他们的前任都升到初一了，不过，前任在“退休”前，没忘了带他们一把，现在他们可以稳稳地接过前任的话筒啦！当然，你们也别忘了感谢高鹏飞哦！

其次是古筝姐妹。真是巧，学堂里有两个学筝的女孩子，而且她们还长得有几分相像。每次她们联手出现时，相信观众一定有穿越的感觉。遥想一下，在夏日的花园里，两个身着汉服的小姑娘，弹弹古筝，读读《诗经》，那是怎样的景致呢？

最后是京剧学唱。这个可算是无心插柳的节目了。7 月在课堂上开设了京剧欣赏的环节，没想到孩子们非常喜欢，学得还真

古筝弹奏

快。当然，可不能拿专业的水准来对比哦，央视的少儿京剧大赛那才叫高水平啊！不过，我们重在参与、重在感受。而且和我们同台演出的还有社区戏剧票友社的老师、大学生和家长呢！

师生代表参加“爱在中秋·情系濠河”大型活动

9月17日，学堂师生代表参加了“我们的节日——中秋　爱在中秋·情系濠河”大型活动。

为更好地弘扬中华民族优秀文化，宣传传统节日的文化内涵，本次活动由中共南通市市委宣传部、市文明办、市总工会、市妇联、市侨联共同主办，并由两大部分组成。第一部分是17:30在怡园码头启动的“濠河月·南通情”大型游船直播活动。活动由南通广播电视台FM97.0南通新闻广播全程直播，我市资深广播人小通主持。来自我市的近50名新老南通市民、精神文明典型、侨胞侨属、在通台湾同胞、学校学生、企业员工、志愿者组织、社会各界人士代表参加。

作为志愿者组织的代表，我带领徐彧文、易铭逊、周洋，不仅全程参加了活动，孩子们还带去了诗朗诵《听月诗》(宋·辛弃疾)。不过，更吸引人的还是孩子们穿的汉服，让现场的嘉宾们有穿越时空的感觉。南通首位“全国优秀志愿者”陆善洪还和孩子们在画舫上合影留念。

18:30，我们来到环西广场，参加活动的第二部分“南通市首届中秋诗歌吟诵会”。看着熟悉的濠滨夏夜舞台，孩子们问我：“为什么今年不要我们表演？”原来在他们心目中，看重的不是嘉宾身份而是演员身份啊！

一首苏东坡的《水调歌头》，拉开了我市首届中秋诗歌吟诵会的序幕，孩子们惊呆了！柔美的女声，澎湃的男声，独颂、对颂、群颂等形式，让孩子们见识了朗诵的艺术，太棒了！当一组男声朗诵结束后，周洋评价说：“朗诵得比我们好。”

画舫合影

可爱的孩子们，恭喜你们找到了差距。我们相信，只要你们一直坚持下去，10 年后，你们也会达到那样的水平，这个美丽的舞台也会为你们亮起！

交 流 篇

学堂义工老师执教南通市文化馆少儿国学班

3 月 10 日上午，在南通市文化馆文庙大成殿旁的少儿国学班教室里，我和李晨玲、刘艳萍 3 位义工老师接过教鞭，开始了 2013 年春季班的教学工作。

少儿国学班是市文化馆免费艺术培训的 20 多个项目之一，招生对象为 8 周岁以上的儿童。2013 年春季班的学习内容是《笠翁对韵》上卷，学习时间为每周五晚 6:30~8:00，学期 3 个月。

免费艺术培训是文化馆的一个重要文化品牌，是本着大力推进公共文化服务，促进城市非物质文化遗产保护与传承的精神，充分发挥公益性文化事业单位的职能作用，加大免费的开放力度，进一步丰富人民群众的文化生活而设。

作为民间公益组织的义工能执教文化馆的培训班，也充分说明经过 5 年的发展，知止堂义学已逐渐被社会与民众所认可，我们用行动回应了各种猜疑与质疑。

执教文化馆少儿国学班也使我们感到了压力。一方面我们老师的教学能力、专业知识还需进一步提高；另一方面，我们也迫切期待有更多热爱传统文化的朋友能加入我们的义工团队，一起为弘扬传统文化尽一份力!

中秋走进实小：尝中华美食，品汉服华章

又到一年中秋时，癸巳中秋节的前一天，9月18日下午2时，在实验小学北校区的小舞台上，一场校园活动——“校园美食文化节”正在热热闹闹地进行着。知止堂义学也接到邀请，在这个有关“吃”的活动中融入中华民族的传统文化因素——展示汉服之美与感受中华礼仪之魂。

3时，学堂义工老师刘艳萍来到了活动现场。这里早已是人声鼎沸：有飘香的美食味道，有喧闹的孩子们的热情。

在同学们疑惑的眼神里，知止堂刘老师和实小高老师摇身一变，身穿汉服隆重登场。孩子们按捺不住了：“老师我要穿，老师我要穿！”“好，我们邀请六年级的7位同学上来试穿好不好啊？”刘老师一边忙着给孩子们穿衣服，一边还得讲解汉服的几大特点：“请看：汉服的袖口宽大，象征天道圆融；领口直角相交，象征地道方正；背后一条直缝贯通上下，象征人道正直。”可见，这一件衣服蕴含天地人三道，正是我们民族智慧的结晶。

“今天，我们只有了解了本民族文化，才谈得上继承和发扬它。明天就是中秋节了，汉族人该穿我们自己的汉服了。在这样一个特殊的日子，郑重地穿上特殊的、仅属于自己民族的礼服，正是慎终追远、忆古思今、拉近我们与祖先距离的必要方式。”刘老师一边讲穿汉服的意义，一边介绍所带来的几款汉服。

当然，穿上汉服，就有许多穿着汉服的讲究。高揖礼的学习成了现场的又一个高潮，刘老师一边讲解程序，一边亲自示范，“男生左手压右手，女生相反。”看到师生学得如此认真，老师心里很开心啊！

“我们今天穿上汉服，就是为了我们传统的中秋节，中秋的

节日习俗有哪些啊？”答案始终是在一片抢答声里完成的：“吃月饼！”“月饼的最初意义就是祭拜月神。”“吃鸭子！”“是啊，因为源于杀鞑子的谐音，这个故事是这样的——”

“还有嫦娥奔月！”“还有吴刚伐桂！”“还有玉兔捣药！”孩子们的热情让这个舞台变成了故事会。“原来有这么多的知识啊！我想继续学习，老师在哪里可以学习呢？”刘老师不失时机地做起了广告：“就来北濠东村社区吧，那里每周一课的国学读经班——知止堂义学随时欢迎大家来学习！”

通过此次活动，实小的孩子们一定和老师有一样的心情：我骄傲，我身穿汉服过我们的传统节日！

公益活动篇

集合在雷锋的旗帜下：学堂义工参加区志愿者广场活动

2月23日上午，更俗剧场前广场，南通市“学习雷锋好榜样”江海志愿者大行动崇川区主会场设在这里。在今天的活动中，表彰了一批南通市优秀志愿者代表，他们曾获得过国家级、省级、市级等荣誉称号，是无数志愿者的代表。为了帮助各个公益团队更好地开展志愿服务，活动中还举行了“社区公益助力计划”中期资金的发放仪式。此计划由区民政局主办，知止堂义学也是受益的44家团队之一。

学堂义工老师胡晖瑆、刘艳萍及家长义工顾任思雨爸爸、陈嘉仪妈妈、陆欣怡妈妈、徐映雪妈妈、高鹏飞妈妈、王逸涵爸爸、严若磐妈妈9人参加了今天的活动。双休日对爸爸妈妈们来说是非常忙碌的，眼睛一睁，就是买菜、做饭、洗衣服、打扫卫生、送孩子上兴趣班……可是为了参加此次活动，提高学堂在社会上的影响力，家长们还是克服了困难，准时参加活动。

此次活动与以往的义工服务还有一个不同之处：以前的义工服务都是配合学堂的教学工作，是为了让包括自家小孩在内的孩子们受益的义工服务，可称得上是“公私合营”的模式；但是今天，我们的义工走出了“私”的领域，投入到为别人服务的活动中去，实现了一次新的跨越。

今天是一个崭新的开始，相信以后会有更多的家长义工们走出学堂的小天地，参加各项社会公益活动，让更多的孩子受益，让更多的市民了解我们。

爱在这里流淌:“家长动手，盲童获益”活动琐记

3月24日下午，课堂气氛比平常热闹了许多。教室里，孩子们书声琅琅；教室外，家长们忙得不亦乐乎。今天有20多位家长参加了学堂组织的“家长动手，盲童获益”活动。

这个活动，源于知止堂义学教学之余的一个惯例——每年新春来临之时，我们都会号召家长把家中旧挂历送来，聚集多了后集中送到特殊教育中心学校去。今年，我们分别在春节前后发起了几次献爱心活动——收集挂历（或者厚度相近的宣传画册、铜版纸等）。孩子们参与的积极性非常高，刘艳萍老师也分别在一月份和三月初两次把大家的爱心挂历送到那边的老师手中。细心的她同时发现孩子们的作业纸不仅需要一定的量，对规格也有具体的要求，也就是说，我们送去的挂历都需要进一步的加工。这些事情我们做起来显然更方便一些，既保证送去的都是有用的纸张，也省去了特殊教育中心学校老师的大量课余劳动量。因此，学堂号召家长们周日来参与“家长动手，盲童获益”活动。

在孩子们的读书声中，20多位家长一起动手，把其余未送去的挂历全部裁剪装订成册，以便让盲童更方便地使用。裁纸、整理、分类、装订，直到下课。放学了，有些家长还继续留下来帮忙，易铭逊奶奶和俞勋民奶奶是年纪最长的，也是最热心的；严若磐

妈妈和王逸涵爸爸承担的是最累的工作，装订所有分类好的纸张；尤乐凡妈妈，顾梓潆妈妈和李比昕妈妈站累了就蹲下来在椅子上裁纸；孔一诺妈妈、王子豪妈妈、刘吉洋妈妈仔细地把本子边缘剪裁整齐；高鹏飞妈妈、陆徐东妈妈和季铭扬妈妈说说笑笑，手下动作却相当利索；张喆妈妈、徐映雪妈妈、周艺彤妈妈、陆欣怡妈妈、朱俊超妈妈彼此学习着、配合着；左皓月妈妈、成睿妈妈、张喆妈妈一字排开，流水作业；晚来的顾任思雨妈妈、丁白玲妈妈、秦袁瑗妈妈看到大家干得热火朝天，也加入进来。

近两个小时，近两百本本子，这些爱心挂历饱含了家长们的爱心。相信当这些本子送到盲童的手中时，我们的家长会感到一份喜悦与快乐；学堂的孩子也会在父母的言行中体会到什么是助人为乐，他们一定会为我们感到骄傲和自豪。

“心视界”盲人电影解说队成为经馆学员社会公益实践基地

7月6日下午2时，学堂经馆学员徐彧文参加了“心视界”盲人电影解说队的活动。

经馆在带领学员学习中华优秀传统文化的同时，更注重培养学员“以天下为己任”的抱负、“穷则独善其身，达则兼善天下”的君子风骨，注重博学与笃行的结合，做到知行合一。而组织学员参加社会公益活动将是实现这个教学理念的最佳途径。

“心视界”盲人电影解说队是江苏省第一个为盲人讲电影的专业团队，曾获得南通市优秀志愿服务项目奖。相信“心视界”今后将成为经馆学员们提升能力、丰富生活的一个重要平台。

学子练笔篇

“端午濠河祭屈子”主题活动微博比赛揭晓

“端午濠河祭屈子”主题活动微博比赛共收到28个孩子撰写的40条微博,分成甲（四年级以上)、乙（三年级以下）两组评比,甲组评出4名优胜者，乙组评出3名优胜者。

俗话说，文无第一，武无第二。文章无定式，凭一篇140字以内的微博很难断定谁是文豪，更何况是一群孩子的练笔。这次比赛，我们希望能给孩子提供一个相互学习、借鉴的机会，而不是给孩子贴标签。获奖的同学不要骄傲，未获奖的也不要气馁，希望大家通过这次活动，能更喜欢写作，喜欢把自己的文字与别人分享。我们期待30年后，这里会走出文坛才俊。

担任此次微博比赛评委的是林桂榛教授（男，武汉大学博士，现任徐州师范大学副教授）；此次比赛纪念奖奖品是由共青团崇川区区委提供的明信片一套；优胜奖奖品是由深圳萤窗励志文化传播中心提供的记事板一套。在此，谨代表全体学生表示感谢！感谢社会各界对知止堂的支持与厚爱！

优胜奖获奖名单（排名不分先后）：

甲组：

刘吉洋：今天是农历五月初五端午节，知止堂在怡园进行了祭拜爱国诗人屈原的活动。湖水悠悠，清风送拂，我怀着激动的心情观看了由胡老师带领师兄、师姐们一起完成的敬香、敬酒、焚祝、祭江仪式，随后我们一起将手中的粽子投入濠河，并登上游船，游览了美丽的濠河。端午祭拜活动，让我亲身体验了中国的传统文化习俗，使我获益良多。

汪嘉杰：端午节早上，知止堂师生来到怡园码头，船头的桌上摆放着各种水果、香炉。这是为祭祀伟大爱国诗人屈原而准备的。伴着古朴的琴声，胡老师身着汉服毕恭毕敬，气氛神圣、庄重。学生们的目光专注在老师的上香、祭酒、诵祝、焚祝、祭江仪式，感受着这份神圣的祝福。

陆欣怡：端午不只是“吃粽子节”，知止堂师生开展了这次癸巳年端午祭拜屈原活动。身着汉服的老师带领我们上香、祭酒、诵祝、焚祝，大家的神情中透着庄重、神圣。接着，我们走到河边，手中的粽子变成一只只鸬鹚，“扑通扑通”跳入河底。在登船赏濠河时，我们在河畔寻找北城门、陈实功雕像、民风民俗浮雕……

杨知非：千年前，汨罗江边。一道人影背对着残阳。他凝望着天空，随即向船舷踏出了一步，水中倒映的不仅是惊愕的渔夫，更有千古的绝响。三闾大夫屈原，一代豪杰。今日，时光荏苒，光阴似箭。又是五月初五，祭江，祭屈原。无数炎黄子孙心怀诚祭，齐聚怡园，在水波荡漾中与夫子遥对：少年强，则国强！

乙组：

徐天祺：五月初五，我们和刘老师、胡老师来到濠河边举行祭祀屈原活动。胡老师穿着汉服，登上游船，在游船上祭拜。祭拜好之后，我们就兴高采烈地登上游船，参观风景如画的濠河。船缓缓地在碧波荡漾的濠河里行驶，同学们一路上欢声笑语，忙着拍照纪念。这次祭祀活动让我感受到了千古流传的中国文化博大精深。

李比昕：今年端午节知止堂的师生一大早就相聚怡园，在风景秀丽的濠河边举行祭拜诗人屈原活动。胡老师身着汉服，带领我们上香、祭酒、诵祝、焚祝。礼毕，我们乘坐濠河六号开始濠河之旅，这可是国家5A级旅游胜地。随着导游的讲解，透过玻璃，我们观赏到“小桥”“人家”“电视塔”……人类的聪明才智，在这些建筑中表现得淋漓尽致。

成睿：农历五月初五，是端午节。今年的端午节对于我来说，与往年不同，我和知止堂的同学们在胡老师的带领下，在怡园龙船上举行了端午祭拜屈子活动：上香、诵祝、祭江等，活动结束后，我们一起坐船游览了南通的护城河——美丽的濠河，我觉得我过了一个非常有意义的端午节！

附：“端午濠河祭屈子”主题活动微博集

甲组（小学四年级以上）

今天是农历五月初五端午节，我们知止堂在怡园进行了祭拜爱国诗人屈原的活动。湖水悠悠，清风送拂，我怀着激动的心情观看了由胡老师带领师兄、师姐们一起完成的敬香、敬酒、焚祝、祭江仪式，随后我们一起将手中的粽子投入濠河，并登上了游船，游览了美丽的濠河。端午祭拜活动，让我亲身体验了中国的传统文化习俗，使我获益良多。

——朝晖小学五（5）班刘吉洋

今天，是传统节日——端午。我起了个大早，来到了怡园。只见怡园内挤满了人，真是热闹非凡！最有趣的当然还是“祭屈原”环节啦！大家的手里都拿着家中的粽子，齐刷刷地投进我们南通的“珍珠项链”——濠河，个个喜笑颜开。

——南通市第一初级中学初一黄奕雯

今天是端午节。我们怀着激动的心情来到怡园的龙船上祭拜屈原。仪式开始了，胡老师进行了三敬香、三敬酒、焚祝、祭江，此间有不少记者拍下了这一幕。随后，我们全体师生还游了濠河，领略了我们家乡美丽的风光。这次端午祭拜活动，使我体验了传统习俗与国学文化的魅力。

——城西小学四（5）班徐映雪

端午节那天我们带着阵阵欢声笑语到达了这次的活动地点——怡园码头，祭拜仪式在画舫船头举行。仪式的赞礼是高鹏飞，我是执事，主祭则理所当然由胡老师来担任。同时这次一个法国人也加入了我们，一起领略屈原的气概！

——文亮小学六（6）班季铭扬

祭拜仪式结束后是登船游濠河，一上船，先前大家在仪式中的严肃气氛到现在也轻松下来了，大家在船里一边观赏窗外风景，一边聊天喝茶，说说笑笑，玩得不亦乐乎！

——文亮小学六（6）班季铭扬

从游船中向外看去：河边的杨柳轻柔着长发，小花在风中向我们点头致敬，小草在向我们招手，清风亲吻着我们的脸颊，浪花在为我们引路。一、二、三……我们数着沿途的桥洞，这些桥洞有的大，有的小，有的桥洞中有过洞走廊，有的墙壁上刻着飞天石壁……让我都有点目不暇接了。

——文亮小学六（6）班季铭扬

在游濠河的过程中我明白了濠河的长度、宽窄和由来，领略到自然风景与人文点缀的完美成果。它为南通人的水利、交通航运、经济做出了不朽贡献，千百年来，濠河已成为我们生活中必不可少的一部分，濠河怎能不是我们的骄傲！

——文亮小学六（6）班季铭扬

今天，我们知止堂的同学们在胡老师的带领下，来到了怡园的龙舟上，一起祭拜伟大的诗人屈原。在低沉悦耳的琴声中，随着敬香、诵读祭文、敬酒等一系列仪式的结束，“投粽”仪式将此次活动推向了高潮！最让我激动不已的是一位法国哥哥也穿着汉服一起参与了我们的活动，相信我们的中国传统文化将继续发扬光大！

——城西小学五（10）班严若磐

端午节，我参加了知止堂的祭拜活动。来到怡园，祭拜爱国诗人屈原：迎神，三上香，三祭酒，送祝，焚祝，祭江，送神……我在观赏濠河的优美景色之时，一直不由自主地感慨：原来爱国诗人屈原不仅在汨罗江中永生，而且永远活在我们每一个人的心中！

——城西小学五（8）班张喆

为了让我们新一代少年多了解中华传统文化，知止堂国学班师生们将民俗文化融入生活中，在端午这天早早来到位于濠河的怡园祭祀我们的爱国诗人屈原。在凝重严肃的氛围中通过上香、祭酒、诵祝、焚祝、祭江等仪式，使我对端午祭祀习俗有了更深的了解。

——实验小学六（6）班汪嘉杰

端午早上，知止堂师生来到怡园码头，船头的桌上摆放着各种水果、香炉。这是为祭祀伟大爱国诗人屈原而准备的。伴着古朴的琴声，胡老师身着汉服毕恭毕敬，气氛神圣、庄重。学生们的目光专注在老师的上香、祭酒、诵祝、焚祝、祭江仪式上，感受着这份神圣的祝福。

——实验小学六（6）班汪嘉杰

时光匆匆如白驹过隙，杨柳轻风，空气里漂浮着粽叶的清香——端午节到了。知止堂师生们来到了濠河边上的怡园，祭祀我们的爱国诗人屈原。小朋友们个个都表情肃穆地排好整齐的队形，外国友人也加入了我们的行列。伴着古朴的琴声，胡老师带领我们进行祭祀仪式——上香、祭酒、诵祝、焚祝、祭江等。

——实验小学六（6）班汪嘉杰

先生安好！遥望今天中国的辉煌，神舟飞船对接外太仓，国歌奏响奥运赛场，红旗飘扬在南极冰川。先生安好！遥望南天的万里海疆，掠我海礁的外侮嚣张。请先生化我为艨冲战舰，江海翱翔。虽波涛汹涌，但有浪泊伴唱！

——实验小学六（6）班汪嘉杰

我们一起坐濠河六号游览了濠河，船航行的地方荡起了一波波圆晕，两岸边杨柳依依，车水马龙，我们经过了很多桥以及环西文化广场。天格外蓝，水格外清，我开心极了。两边的杨柳摇摆着它碧绿的辫子，孩子们在船上谈笑风生，我们还经过那高耸入云的电视塔。观赏着濠河美景，我心里暖洋洋的。

——文亮小学六（6）班丁白玲

端午节这天，知止堂义学的小朋友们一起参加了在濠河上祭拜屈原的仪式。仪式上,我们表情严肃,在心里思念爱国英雄屈原，一位法国人也一起参加了我们的仪式。最后，我们还要把粽子抛到河里祭拜屈原。仪式结束以后，我们一起坐游船游览了濠河美景，心里别提有多高兴了。

——文亮小学六（6）班丁白玲

我们欣赏了河畔的优美景色：特色建筑，百年院校，雄伟桥梁，在观看美丽景色的同时，了解了南通的人文历史，了解到濠河对我们南通的历史、经济、运输、发展做出了巨大的贡献。

——文亮小学六（6）班陆徐东

俗话说，“南通州北通州，南北通州通南北”，而濠河就是我们南通母亲的一串别致的项链。今天，知止堂义学的社员们在祭拜仪式之后乘坐濠河六号踏上了游濠河之旅。我们欣赏了美丽的濠河。在解说员的娓娓道来之中，我们透过窗户，观赏着大自然与人类的杰作，一个个沉醉其中。

——文亮小学六（6）班陆徐东

恰逢端午，思绪万千，知止堂的同学在濠河上祭拜屈原。祭拜开始，在赞礼的口令下，执事一本正经地为胡老师递上祭祀用品。顷刻间，香烟袅袅，琴声跌宕起伏，我们在濠河里投下了粽子，以表对伟人的敬重。今天的祭拜还有外国人参与呢！礼成后，我们还乘船欣赏了南通的濠河风景，使我受益匪浅。

——文亮小学六（6）班陆徐东

知止堂，心虔诚，着汉服，伫河边，拜屈原，不忘民俗。新市民，心欢喜，沐和风，乘龙舟，游通城，尽享公益。癸巳端午同乐！

——通师二附六（5）班陆欣怡

端午不只是“吃粽子节”，知止堂师生开展了这次癸巳年端午祭拜屈原活动。身着汉服的老师带领我们上香、祭酒、诵祝、焚祝，大家的神情中透着庄重、神圣。接着，我们走到河边，手中的粽子变成一只只鸬鹚，“扑通扑通”跳入河底。在登船赏濠河时，我们在河畔寻找北城门、陈实功雕像、民风民俗浮雕……

——通师二附六（5）班陆欣怡

这次“癸巳年端午祭屈原”和上次祭文天祥差不多，却又有所不同。因为屈原是为国而跳江自刎，所以我们是在濠河边进行的仪式，我对江祭记忆最深，那是把粽子一齐投到河中，寓意是让鱼儿不吃屈原的遗体。每一个环节都体现出我们对屈原的敬意。屈原，你的爱国情怀值得我们学习！

——通师三附六（8）班高鹏飞

今天是传统节日，端午！在怡园，又出现了知止堂国学的所有人。哦，不！随我们而来的还有一个“老外”。在这里，我们进行的是“癸巳年端午祭屈原仪式”。这个仪式让我们深深地感受到屈原的伟大和他的爱国情怀！

——通师三附六（8）班高鹏飞

今天游濠河才知道濠河是国家5A级旅游景区，我真不敢相信，在游船上我们在胡老师的带领下祭拜了屈原，这也是我第三次参加端午祭了。祭拜后，我们大家一起游览了濠河，多美的濠河，多美的南通，我期待明年的端午再来祭拜大英雄屈原。

——城南小学四（2）班周洋

五月初五是端午节，知止堂义学的师生们在胡老师的带领下来到风景秀丽的怡园，进行祭拜屈子的活动。在悠悠的古琴声中，仪式开始了，迎神、诵祝，最后是祭江。只听胡老师一声令下，我们把手中的粽子都投向了河里，场面蔚为壮观。在这一刻，三闾大夫屈原那种忧国忧民的高大形象在我的脑海里逐渐浮现出来。

——实验小学四（4）班顾任思雨

农历五月初五是端午节，相传起源于古时楚国人因舍不得贤臣屈原投江死去而流传下来的民间习俗。今天，胡老师带着我们穿上汉服一起穿越到楚国祭屈原。登上古船，船头摆上香炉烛台，优美的古琴音回荡在四周。在三进香、三进酒、送祝、烧焚仪式中，来怀念这位忧国忧民的大诗人。

——城中小学四（5）班王嘉文

千年前，汨罗江边。一道人影背对着残阳。他凝望着天空，随即向船舷踏出了一步，水中倒映的不仅是惊愕的渔夫，更有千古的绝响。三闾大夫屈原，一代豪杰。今日，时光荏苒，光阴似箭。又是五月初五，祭江，祭屈原。无数炎黄子孙心怀诚祭，齐聚怡园，在水波荡漾中与夫子遥对：少年强，则国强！

——实验小学六（6）班杨知非

今天是端午节，也是我第一次参加祭拜屈原的活动。那场面是那么地让我惊讶，似乎有种时空穿越的感觉！但一瞬间又让我明白这是真实的。在我们的祭拜现场有位来自浪漫国度——法国的90后哥哥，他的参与使我感到文化是没有国界的。看到这位哥哥的认真劲，不得不让我体会到作为中华儿女更要学好汉文化。

——通师三附四（3）班屈元浩

乙组（小学三年级以下）

五月初五，我们和刘老师、胡老师来到濠河边举行祭祀屈原的活动。胡老师穿着汉服，登上游船，在游船上祭拜。祭拜好之后，我们就兴高采烈地登上游船，参观风景如画的濠河。船缓缓地在碧波荡漾的濠河里行驶，同学们一路上欢声笑语，忙着拍照纪念。这次祭祀活动让我感受到了千古流传的中国文化博大精深。

——通师二附二（4）班徐天祺

五月初五端午到，怡园濠河好热闹，知止堂师生齐聚首，一起来把屈原祭；外国先生也崇拜，众人齐行祭拜礼，为了鱼儿不误食，众人投粽进濠河。我是第二次和知止堂的老师同学一起过端午，今年不一样的是多了一名外国人加入我们的队伍。

——德民幼儿园大（2）班朱俊超

今天是端午节，一大早妈妈就带我来到怡园，参加由胡老师组织的端午节祭拜屈原活动。参加祭拜的不仅有中国人，还有一名外国人呢！他还和我们一起向濠河里扔了粽子。祭拜仪式结束后，我们还坐船游览了濠河。濠河的风景真美！

——友谊幼儿园大（1）班孔一诺

端午这天，我们在胡老师的带领下来到了濠河边的怡园，祭拜爱国诗人——屈原。在优美的琴声中，胡老师三敬酒，三上香，焚祝……这使我了解了我国古代行礼的过程，更使我加深了对屈原的怀念。一位法国哥哥也加入了祭拜的活动，他身穿汉服，很认真地祭拜着。

——文亮小学三（1）班李想

紧接着，我们大家坐上游船，欣赏濠河边的美景，我最喜爱的柳树姑娘垂着她那长长的辫子，仿佛在欢迎着我们，又仿佛在炫耀着她的美丽。啊！濠河，你真美！

——文亮小学三（1）班李想

今天是端午节，我和大家去濠河游玩。我看大家玩得开心，我也和大家一起玩。有的在玩打架的游戏，其他我就不知道了。祭祀的时候，我站在后面，看不到老师是怎么祭祀的，只看到大家在拍照。祭祀完了，开始坐船。船上的人有的坐，有的玩。我开始先和两个人玩抱蛋，后来和一个人玩卡。我对这次活动的想法是：活动太长了。

——Homeschool 尤乐凡（6 岁）

今天是端午节，老师带我们去怡园参加端午节乘游船活动。首先是拜祭，投粽子到河里，为的是给鱼儿们吃，不让它们吃英雄屈原。外国友人也参加了我们的活动，他穿上了汉服，也挺认真地拜祭，原来我们的先人外国人也羡慕呢！

——实验小学一（7）班俞勋民

游船活动开始了，南通濠河里的桥可多了，我们首先经过友谊桥，又经过了北濠桥、和平桥、文化宫桥、长桥、公园桥。每过一个桥洞，大家禁不住地尖叫："啊濠河可真美，真开心，我是南通人，我爱濠河！"

——实验小学一（7）班俞勋民

端午节老师带我们在怡园祭祀，后上船游濠河。我在船上，看到了电视塔、树木、草丛和小桥，我还看见波浪，看见了被草卷住的小船。我在濠河的小桥下喊了又喊。端午节游濠河真开心啊！

——通师一附二（13）班王逸涵

一首《离骚》让我想起了我国伟大的诗人屈原，又到了农历五月初五端午节。今天我们带上粽子来到怡园游船码头和老师、同学们一起祭祀屈原。我们按照常规程序"上香、祭酒、诵祝、焚祝"，最后将美味的粽子投入美丽的濠河中。祭祀完了，我们顺便游览了一下独特的护城河——濠河，那景色没得说。

——城中小学三（8）班易铭逊

今年端午节知止堂的师生一大早就相聚怡园，在风景秀丽的濠河边举行祭拜诗人屈原的活动。胡老师身着汉服，带领我们上香、祭酒、诵祝、焚祝。礼毕，我们乘坐濠河六号开始濠河之旅，这可是国家5A级旅游胜地。随着导游的讲解，透过玻璃，我们观赏到“小桥”“人家”“电视塔”……人类的聪明才智，在这些建筑中表现得淋漓尽致。

——城南小学三（3）班李比昕

农历五月初五，是端午节。今年的端午节对于我来说，与往年不同，我和知止堂的同学们在胡老师的带领下，在怡园龙船上举行了端午祭拜屈子活动：上香、诵祝、祭江等。活动结束后，我们一起坐船游览了南通的护城河——美丽的濠河，我觉得我过了一个非常有意义的端午节！

——南通市城中小学一（6）班成睿

今天是端午节，知止堂师生来到了风景秀丽的濠河。濠河边的柳树摇摆着无数条长辫子，好像在和我们打招呼。我们登上了一条古色古香的游船，仪式开始了，只见胡老师举行了三上香、三敬酒、送祝、烧焚仪式，其间我们每个人都向濠河里投了一个粽子。我们以自己的方式来怀念这位忧国忧民的伟大诗人——屈原。

——市实验小学三（4）班陈嘉仪

今天是端午节，胡老师带我们去怡园举行端午祭。与往年不同，祭祀在船上举行。供台上放着一些供果和蜡烛香炉，边上还有一个穿白色汉服的姐姐弹古琴。胡老师是主祭人，她带头行拱手礼，之后念祭文，三上香。仪式结束的时候，胡老师带我们一起扔粽子。我很激动，迫不及待地把粽子往濠河中间抛了出去。

——城中小学三（5）班李骥旸

教学思考篇

骄傲着你的骄傲

——写给家长的话

2013 年 1 月 13 日，学堂蒙馆上课前有一个小小的、没有物质奖励的表彰会——星级义工表彰会。会议表彰了 2012 年度的三星、二星级家长会义工。在掌声中，陈嘉仪和妈妈、宗秋月和妈妈、顾任思雨和爸爸、徐映雪和妈妈一起走上讲台，接受大家的致意。

看着孩子们自豪满满地走上来，我想她们还有一份新奇：以前都是她们获得表彰，爸爸妈妈被请上前去接受大家的祝贺；今天反过来了，是爸爸妈妈给她们“争光”了。角色互换的游戏孩子们一定玩过，今天是不是觉得特别有趣呢?

也许是因有这样一场别出心裁的开课仪式，当天的课上得非常好。第一次送孩子来上课的家长们很惊讶，在家长眼中很枯燥、深奥的文言文，这群小孩子可以念得这么流畅、优美。尤其是还在上幼儿园的孔一诺的领读，可以说是“很震撼”吧!

其实我也觉得很惊讶，以我以前的经验来猜测，今天的课应该不会太好：元旦放假停了一次课，半个月不读书，他们的齐读一般会此起彼伏的。但是因为有那么多家长来参加表彰会，不管老师念到他们的名字没有，不管家长是不是坐在教室后面，因为有家长的参与，他们的课堂学习面貌特别好。

孩子们是那么可爱，总是竭尽全力去“讨好”家长，让自己成为爸爸妈妈的骄傲。可是当我们接受孩子这份“讨好”时，有没有停下来想想，我们又为孩子做了些什么？除了物质上的，难道我们家长就没有追求了吗？

有家长说，要孩子“天天向上”的前提是家长要“好好学习”。我们群里有妈妈说，她把每天的学习内容抄在本子上（学堂“子不语网络读书会”的学习内容），回家让女儿检查，这样女儿也一起学习了。

和这些家长相比，我们很多时候都成了手电筒式的人物。

有人问我，学你们那些东西有效果吗？我回答，不能肯定。比如经典上教人行孝道，可是孩子回家看到爸妈不孝顺爷爷奶奶，他会信书上的话，照书上的要求做吗？

我们要求孩子好好学习，可是自己学习了吗？虽然工作了的我们已不需要考试，难道除了语数外，我们就没有可学习的内容了吗？

我们要求孩子积极进取时，自己的生活态度是不是也同样积极而又进取呢？

我们要求孩子做事要有毅力时，自己是不是也能坚持做一件事呢？

我们要求孩子不怕困难时，自己是不是很轻易就被困难打倒了呢？

我们要求孩子有爱心时，自己是不是用一双充满爱意的眼睛看这世界呢？

我们要求孩子助人为乐时，自己是不是把帮助别人当成一种习惯呢？

我们要求孩子的，自己是不是已经做到了呢？

如果不是，那就从2013年开始，改变我们固有的、错误的思维方式，不再要求孩子去做这做那，而是在我们的身体力行下、在我们的示范下，用行动告诉他们，应该如何学习、如何做人。

让我们一起努力，努力成为孩子的表率，当好他们的第一任老师，培养孩子，成长自己，让我们永远能成为孩子的骄傲！

听，也是一种学习

这是学堂“小小小剧社”的孩子发的一条微博。先和大家介绍一下故事的背景。

从2012年11月开始，孩子们在排演一台多幕儿童剧。根据孩子们的年龄、能力，当然还有剧情的要求，这些孩子被分成两组：主角——少年组；配角——儿童组。上周的排练是这出剧的第三遍排练。

六年级学生丁白玲自然是分在少年组，他们的戏份多、重要；当然，还有他们背书的能力强，可以背下厚厚一叠的台词。而幼儿园大班的吴雨桐小朋友只能当配角，点缀一下舞台，需背的台词也少。

在前两遍的排练中，我们一直很关注主角们的表现，不管是台上还是台下的，对他们的要求比较严格。而对于配角呢，只希望他们能和哥哥姐姐们混熟，上台有默契就行了。顺便告下状，这天的排练，吴雨桐和另一个上幼儿园的小姑娘尤乐凡在台下玩游戏机很投入呢！

当丁白玲的表演结束后，孩子们开始点评，吴雨桐也举手发言了，她说哥哥把台词说错了，先说了后面，后说了前面。

她不是在玩游戏机吗，竟然还能一心二用？这个小姑娘、小配角，就这么一遍遍地陪着哥哥姐姐们排练，居然也把主角们的台词给背下来了。

再一次见证了奇迹。第一次见证小配角背台词的功夫是2009年排演的情景诗朗诵《我们的节日》，问过他们，没让你们背词，怎么都会背了呢？孩子们回答：听多了呗。

听，也是一种学习！

在学堂里，吴雨桐、尤乐凡还不是最小的，最小的孩子才读小小班，每次上课还得由妈妈陪读，郭子源小姑娘就是其中一位。

记得2012年夏天，子源刚入学时，不用描述，大家都可以想象得出当时的情景。上课不停地哭闹，虽然老师没说什么，可是妈妈很窘迫，甚至和她吼过。

“她还小，不适合读书，应该过两年。”一般人都会这么认为。可是固执的子源妈妈狠着心坚持每周“虐待”她一次。

半年下来，子源如今可以称得上是优秀学生了。每堂课她举手的次数不比哥哥姐姐们少，我想这是她对“上学”这个抽象概念的第一个具体认识。举手可以领读，所以只要哥哥姐姐举手，她也一定会举手，这是“模仿”。看到她举手，我会把目光停留在旁边的妈妈脸上，一开始妈妈是一个劲儿地摇头暗示，现在也会点头同意，而子源领读的内容也从最初的几个字到现在的一个句子。她的领读，也成了课堂上最有爱的风景：妈妈先小声读一遍，然后她跟着读一遍，最后全班的哥哥姐姐们大声地跟读一遍。在哥哥姐姐们的鼓励下，小姑娘对读书也越来越有信心了。

有人不解，觉得小不点儿实在不可能在这里学到什么，这里教的内容他们也不可能学会。可是那些妈妈们认为，听，也是一种学习。凭借着耳濡目染，他们在小小的年纪里接受了经典的启蒙，不仅是识字、背书为将来的上学打下基础，更重要的是童蒙养正。

也许很多人赞同这个教育理念，但是在实际操作中还是表示怀疑。我也常遇到家长的咨询，我家孩子才……来读这些合适吗？我想这样的想法，其实是把“学习”简单地等同于“背书、写字”，这是把学习内容狭隘化了，把学习的方式狭隘化了。听，也可以是一种学习的方式；玩，也可以是一种学习的方式。所以圣人有因材施教的教育理念，有寓教于乐的教育方法。

如今，新式教育理念虽然层出不穷，但是经过几千年、被不计其数的家长与孩子们验证过的经典教育理念，依然被很多家长和老师遵守着、实践着。我们还有什么可怀疑的呢？难道那么多前人、今人的智慧都不如自己吗？

学在当下，就让我们一起和孩子在听中学、在玩中学吧！

从兴趣到责任

任重兄是3月约稿，让我写办义学的心得体会，那时说是过了清明节交稿，如今一晃已到了立夏，忙忙碌碌中竟一直未曾得空。

其实清明过后，我们已忙着策划月底的诗词公益讲座，中间有几多插曲省略，总之，心一直被牵挂着，根本没有动笔的念头。

4月29日，诗词公益讲座如期举行；4月30日，带领学生参加电台举办的专场演出（节目是传统拜师礼的展示）；5月2日，学堂下的女红项目参加团区委的风尚节开幕式。

接下来，5月11日是中华母亲节活动；上旬还要带孩子们完成儿童剧的排练并参加省里的比赛……

同时，我们每周日下午的课堂教学，每周六晚担任电台“空中国学课堂”的节目嘉宾，每周五晚执教文化馆的少儿公益国学班依然正常进行。

这些活动、课程后面还有很多看不见的备课、准备材料、协调联络……义工们忙得像只陀螺。

或许有人会说，你们可以不参加那些没必要的活动。

回答这些问题之前，还是先从 5 年前说起吧。

2008 年，机缘巧合，我认识了北濠东村的毛瑞红主任。在她的支持下，我和一群爱好传统文化的志愿者办起了知止堂义学。说起办知止堂的初衷，其实就两个字“兴趣”，希望与更多的传统文化爱好者去分享、交流。

想法很简单，实施起来也很简单。正因为我们只是很简单地教孩子读读经典，不涉及其他的想法，所以才在读经氛围还不浓厚、对读经还有不小争议的 2008 年，使社区果断地接受了我们。

社区免费提供教室给我们，所有的老师都是志愿者。就这样，学堂没花一分钱就运作起来。在以后的 5 年中，社区还给我们提供资金、人力、对外宣传等方面的支持，使我们一步步走出社区，一步步扩大影响。学堂被授予区群众三星级文化团队；义工老师先后获得市、区级各类荣誉；学堂的孩子每年都会参加各类公益性群众演出；南通媒体先后对我们进行了三四十次的报道，南通电视台还为我们制作了两期专题报道……然而 5 年来的发展，也不是顺风顺水，也不是走到哪里都是鲜花。合作过程中，双方肯定会有不同的观点、不同的动机。面对分歧，我们总是站在弘扬传统文化的立场、对方的角度去考虑、处理问题，求同存异，寻求双方共同目标的最大化。简单地说，就是在弘扬传统文化的大前提下，学会权变，学会因人而异、因时而异、因地而异。

知止堂，“知止”二字取自《大学》：知止而后有定，定而后能静，静而后能安，安而后能虑，虑而后能得。我们知道目标在哪里，所以这条路我们走得非常坚定。

我们也曾有 3 个老师教 3 个学生的尴尬，“义学”宗旨也曾被市民误解，谣言中伤。清者自清，我们用行动、用时间证明了知止堂以纯公益的形式生存在这个追求利润最大化的时代。

知止堂走纯公益的道路，是因为我们体会到学费会让很多工薪阶层的孩子放弃学习。我们希望每个孩子，不论穷富，都可以接受读经教育。我们甚至浪漫地理解，经典犹如阳光、空气、雨露，是不需要付费就可以得到的。

知止堂选择纯公益的道路，肯定影响了商人的利益，所以他们对这类公益性学堂口诛笔伐。就是在2012年，我还像祥林嫂那样喋喋不休地去辩解、去回应。现在看来，这些都是不成熟的表现。

读经典，不是为了背几篇文章，而是要学会中国人传统的思维方式。世界是多元化的，不是非黑即白的二元对立。公益与商业这两种模式，不是对立而是相互补充，采用何种模式不是一概而论，需要结合当地情况。也曾有人在网上询问我们与社区合作的模式是如何操作的，但是之后都没了下文。成功的模式不可以简单复制。真正立志于弘扬传统文化的同道不会纠结于收不收钱的问题，我们已从经典中获得了包容的气度，即便彼此的模式不同，但并不妨碍我们向同一个目标前进。况且我们也看到，今天，国学已成为一些商人敛财的工具，对于这类商人，同他们争论，那便是失人失言，不智的表现。

知止而后有定，定而后能静。我们知止，所以我们坚定，我们能静下心来做自己觉得重要的事情而不去理会别人的说辞。

当初我们凭着兴趣办义学，5年后还是仅仅因为兴趣吗？当然不是。凭着兴趣，我们可做可不做，但是今天，我们必须做，虽然我们已经觉得很疲惫。

《春秋》之法，常责备于贤者。我们不敢以贤者自居，但是我们也清楚，当社会、当政府给了我们这么多荣誉时，就意味着我们要承担更多的社会责任、民族责任。我们不能逃避责任，我们只有做得更好。做是必需的，不做是不可以的。

在南通，我们不是第一家，也不是唯一的儿童读经机构，但我们是影响最大的一家。相比其他机构，我们拥有更多的资源与机会。社会给了我们很多，所以我们的付出也应更多。我们经常接到方方面面的活动邀请，其实我们明白，主办方邀请我们并不是我们如何多才多艺、有文艺范儿，而是因为我们代表的是传统文化这一个类别。我们必须把握住一切机会，让更多的市民了解到传统文化，知道南通有这样一群人，这就是我们的责任。

“士不可以不弘毅，任重而道远。仁以为己任，不亦重乎？死而后已，不亦远乎？”今天，每每默诵，便已百感交集。

9月28日教学手记

这是一堂既普通又不普通的国学课。

普通，是因为这一课同以往的课一样，是一个周六的下午。不普通，是因为这天是 9 月 28 日。

这是一个既普通又不普通的国学班。

普通，是因为这个班同其他地方的少儿国学班一样，一间教室、一些桌椅。不普通，是因为这个班的教室坐落在南通文庙大成殿的西厢房里。

“今天是个特殊的日子。”我的开场白。

“因为今天下雨。”有孩子回答。

“是孔子的诞辰。”又有孩子回答。

“对，你们回答得都没错。在这样一个下雨的日子里，9 月 28 日，孔子诞辰 2564 周年纪念日里，我们要用一个很简朴的仪式来纪念这位圣人，至圣先师。”

孩子们序齿排班列好队，于是我教了他们行高揖礼的要点。孩子们学得很认真，就连上课时最淘气的小男生也一脸严肃地练习着。

在屈元浩妈妈的口令声中，孩子们面向大成殿的方向，恭恭敬敬地行了五拜礼：一拜自强不息；二拜厚德载物；三拜精忠报国；四拜孝亲尊师；五拜世界大同。在这行礼的队伍中，除了老师、学生外，还有王嘉文妈妈。杜伟齐妈妈还为这场简朴的仪式留下了影像资料。仪式结束后，孩子们回到位置上继续学习《孝经》和《百家姓》。这些孩子,都是来自对传统文化不抵触的家庭，没有被打上反传统的烙印，所以给他们上课是非常轻松的事。

今天学的是《孝经》中的《卿大夫章第四》和《士章第五》，书中“天子”“诸侯”“大夫”这些字眼不会刺激到他们的神经。“这是古代的官儿。”“像市长一样大。”对于这些章节的理解，他们觉得就像学校班级一样，要班级风气好，就要班干部带头。要让大家行孝，所以要这些“像市长一样大的”官儿们带头。也有的孩子领悟到更深一层，说将来长大当了官，要像书中所说的“夙夜匪懈”“三德备矣”，不能“被抓起来”，那样“人家会在后面指指点点，爸爸妈妈就不敢出门了”，那样就是“不孝”了。

不过，孩子们最感兴趣的是听姓氏起源的故事。大概他们没想到这个班还是卧虎藏龙的地方，不起眼的同学，原来他们有的是古代管钱库的官员的后代（钱姓），有的还是中国历史上第二个王朝商朝天子的后代（汤姓）。当然，他们更关心的是自己的祖先又有着怎样的辉煌历史。于是，这些孩子一不小心，似乎开始思考哲学的终极问题：“我是谁？”“我从哪里来？”

既然孩子们的热情高涨，我也就留了作业：利用国庆假期探望爷爷奶奶或是拜访叔伯长辈的机会，和他们一起讨论自己姓氏的历史，节后上课时和大家分享。

但愿节后上课，我不会在那七嘴八舌的讲述中插不上话。

儿童剧《孙小空不见了》见证配角的成长

10月3日上午，应南通电台FM103频率的邀请，儿童剧《孙小空不见了》（片断）参加了在滨江公园举行的“南通广播电视台少儿小记者才艺展示”活动。

正如刘老师所称赞的那样：“咱们这帮大点的孩子（都升初一了）什么时候拉出来都没问题。”儿童剧由他们挑大梁，一切都是在我们的意料中。而今天的演出，出乎我们意料的是配角们的精彩演绎——剧社的新生代已经成长起来。

当“警察叔叔”正义凛然地走上舞台，对着坏人“金角大王”“银角大王”一声吼：“起来！”身后传来大观众的声音：“哇，这警察，好厉害！”“警察叔叔”真的很威武啊！虽然台词不多，但这一亮相就把观众给吸引住了。说起“警察叔叔”的扮演者秦袁瑗，也算是老演员了。不过，以前的表现总是不那么让人满意，他啥事都不大上心，排练、演出对他来说就是玩。所以在儿童剧角色安排上，我们就把台词少得可怜的配角“警察”交给他演。但是没想到短短的一个夏天，他一下子成长起来，居然很上心地把“警察”表现得这么活灵活现：在两分钟的亮相里，既有对坏人的严厉，也有和“猪八戒”说悄悄话时的俏皮。他用生动表演，重新定义了“主角”的含义：用心演，你就是主角。

还有一个小配角尤乐凡的表现也很出色。说起这位刚上一年级的小尤同学，就在今年夏天，尤妈妈还说：“她很内向的，不像别的孩子，喜欢表现自己。你最好安排一些集体项目，让她躲在别人后面，这是她最喜欢的。”所以当初在确定“小角”人选时，比她灵气、大方的吴雨桐成为A角，她屈居B角。如果不是

A 角国庆节要旅游，我们也不会把这样重要的演出交给 B 角的。演出之前，我还一个劲儿地吩咐和她演对手戏的大孩子们：“你们要配合小角，万一小角出现状况，你们要随机应变接上台词。千万给我记住！”当“小角”大大方方地走上舞台，和她的“金角爸爸”“银角叔叔”你一言我一语时，我悬着的心放下了。在今天的演出中，我们把五、六两幕连起来表演，所以临时做了些调整，这是之前没有排练过的。当“小空”从舞台后出现时，她惊讶的表情给了我一个大大的惊喜，我们只是告诉她：“你看见小空要表现出惊喜哦！”没想到这丫头悟性这么高、入戏这么快，真是孺子可教也！

当“小小小剧社”挑大梁的孩子们都升上初一时，我们也曾担心剧社青黄不接，但是今天的演出让我们看到剧社新生代的力量。再过 3 天，将进行“小小小剧社”2013 年社员秋季招募面试工作，担任面试官的可是这帮孩子，希望今年能选拔出一批有潜质的好苗子来，希望我们“小小小剧社”在明年会给小伙伴们带来更多精彩的节目。

今天，知止堂已走入第六个年头，义工团队从当初的 3 人发展到现在的 20 多人，在学堂接受传统文化学习的学生已超 300 人，参加学堂组织的各类民俗活动的市民更是多达四五千人。5 年来，学堂先后被授予“崇川区首批三星级群众文化团队”“优秀社会组织”，义工老师也先后 10 次被授予各级、各类荣誉称号。

与爱同行，生命有了宽度；与经典同行，生命有了厚度。知止堂义学正带着爱、带着梦想一路前行。

跋

不知不觉，知止堂义学已度过了6岁生日。最近，我们还被南通市精神文明建设指导委员会评为南通市第36次文明新风典型。回头看看走过的路，自己也觉得很惊讶，当年怎么就有胆量办学堂，又哪来的毅力使义学一直走到今天？

知止堂是一家传统文化公益教学机构，教室由社区免费提供，老师均是义工，来学堂读书的孩子不需要交学费，甚至参加活动也不需要交活动费。但谁都明白公益活动也会发生费用，我们是如何解决的呢？这得益于南通市和平桥街道北濠东村社区的大力支持。从2008年8月开始，他们不但免费借教室给我们，还承担了我们活动的费用。同时，他们还积极向上级部门推荐我们，又使我们得到更多的公益资金的扶持。

今天，作为知止堂义学的创办人、负责人，我自豪的不是有多少孩子走进学堂，而是我们带出了一支公益团队。从义工老师到家长会义工、网络义工，助人助己，培养孩子，成长自己。如果没有这样一批公益伙伴的共同努力，学堂想走纯公益的道路是非常困难的。有了这样一支公益团队，我相信今后会有更多的孩子走进学堂，诵读经典，传承中华优秀文化。

在南通，知止堂不是第一家儿童读经机构，也不是唯一的一家，但却是最活跃的一家。我们成功地走出了一条极具特色的儿童传统文化推广之路。曾有不少网友询问我们是如何运作的，我想此书也许可供大家参考：如果你觉得我们是成功的，那么希望我们的一些做法可供你借鉴；如果你觉得我们是失败的，那希望你们能借鉴我们的经验教训，走出一条成功之路。

说是出书，我也觉得很惭愧。这里没有学术观念的阐述，也没有权威、专家；只是一群热爱传统文化的妈妈们在工作之余、在家务之余，和孩子们一起成长的一些小故事。

在此，也要感谢“儒生文丛”主编任重先生。为了此书的面世，他所付出的辛苦是不为外人所知的。知止堂的发展，也多亏了许许多多像任重先生般古道热肠的人士支持。在此，请允许我们说声感谢，感谢各位朋友！

回眸，是一种自省，更是一种自励。我们期待将来，和更多的朋友一起回眸，回眸在知止堂一起走过的岁月。

胡晖瑨

二〇一四年冬

"儒生文丛"第一辑（三册）

一、《儒教重建——主张与回应》

任重、刘明主编，中国政法大学出版社 2012 年版

对儒教重建的关注，是当代"大陆新儒家"的一大突出特点。中国自古儒、释、道三教合一，儒教居三教之首。在传统向现代交替的过程中，儒教是否宗教、儒教是否该重建、儒教在今天应该是何种形态等命题成为学术思想界的热点，不断引发讨论。本书刊载了当代儒家新锐对儒教有关问题的深入讨论和最新看法，为中国现代精神价值体系建设提供了新的思路。

二、《儒学复兴——继绝与再生》

任重、刘明主编，中国政法大学出版社 2012 年版

因为儒学是治世之学，与一般的儒学研究者不同，儒门中人学习、研究、弘扬儒学，绝不是为了学术而学术，而是有着明显的问题意识和现实感。儒者、儒生、儒教徒对于儒学，不仅在理念上自觉认同，有明确的身份意识，而且还有着强烈的历史担当，立足当下，直面现实。本书所选编的当代"大陆新儒家"的思想探索成果，对当代中国所遇问题进行了精彩解答，乃"为往圣继绝学"，而非"纯学术"之作，值得一读。

三、《儒家回归——建言与声辩》

任重、刘明主编，中国政法大学出版社 2012 年版

尽管儒家在今天的中国已呈回归之势，但人们对他们的所作所为知之甚少。本书对“大陆新儒家”参与当代文化建设的一些事件，如五十四位学者联署发布《以孔子诞辰为教师节建议书》、十名青年博士生《我们对“耶诞节”问题的看法》、五十多个儒家团体《致电影〈孔子〉剧组人员公开函》、十学者《关于曲阜建造耶教大教堂的意见书》，以及参与讨论读经、国学、教师节、通识教育、国服、礼仪、节日等热点问题，予以了集中展示和说明。

“儒生文丛”第二辑（七册）

一、《儒家宪政主义传统》

姚中秋著，中国政法大学出版社2013年版

全书着力探讨中国历史上两个立宪时刻儒家之理念筹划和政治实践，即汉初儒家进入政体、驯化秦制，与近百年来儒家构建现代国家。就前者，重点解读董仲舒“天人三策”，阐明其天道治理观之宪政主义意涵。就后者，通过思想史的梳理，揭明现代中国存在着一个保守—宪政主义的思想与政治传统。

二、《儒家文化实践史（先秦部分）》

余东海著，中国政法大学出版社2013年版

《儒家文化实践史（先秦部分）》共两部。从儒家道统的角度，对先秦历史和历代政权进行梳理和评判。第一部：大同王道的原始模式（尧、舜、禹）；第二部：小康王道的三代实践（夏、商、周）。《儒家文化实践史（先秦部分）》旨在：集儒家外王学之大成，揭道德实践史之真相，破先秦政治史之天荒。这是一本与众不同的关于中华政治、历史和儒家义理之书，道眼烛史，新见迭出。

三、《追望儒风》

米湾著，中国政法大学出版社 2013 年版

本书收录作者历年来课余之暇各种机缘下所撰文字，约二十万言。或议或叙，或文或白，修短随意，不拘一格，其要则欲追武前修，跂望儒风也。略分六部分：儒学视野中之现实问题；儒学讲演；儒者传论；时论短评；游访纪事；实用文笔。得也失也，达者鉴之。

四、《赫日自当中——一个儒生的时代悲情》

张晚林著，中国政法大学出版社 2013 年版

本书是作者多年来浸润圣学之心得与体会，固然与其精研儒家经典有关，但绝非徒从读书得来，更有其切磋砥砺之功，故非有切身之痛痒，谨策之信仰，不可读其书也。本书内容共分五个部分：第一部分校正了社会大众对儒家相关义理之误解，以确立儒学之纲目与信仰；第二部分痛斥当代职业化教育对儒家教育精神的背离，以期回到儒家之人文精神之中，既而阐道翼教，匡扶人心；第三部分乃以心性学重述儒家之婚姻伦理精神，以批判当代社会把美学形态之爱情作为唯一基点的婚姻观，由此而修身齐家，和谐社会；第四部分资儒家之根本义理，以隽永之小品文，思考当今社会之相关问题，其形式虽短小精微，但其理却博厚悠长；第五部分乃作者与友人之论争与讲辞，以见作者捍卫与宣扬儒学之决心与情怀。总之，本书乃作者用“心”之验，而非“才”气之作，有心者当善会也。

五、《“亲亲相隐”问题研究及其他》

林桂榛著，中国政法大学出版社 2013 年版

“亲亲相隐”问题是横跨文、史、哲、法诸领域的一个重大问题。本书对孔子“父子相为隐，直在其中矣”是何语义、唐律以来中国古代法制或律典中的“亲属得相容隐”为何内容、“亲属得相容隐”与“干名犯义”两律制有何区别、“亲属得相容隐”和汉律“亲亲得相首匿”有何区别、柏拉图或柏拉图笔下的苏格拉底是否赞成 Euthyphro“告父杀人”为绝对虔敬或公正及何理由等做出系统辨正；以“不显”及“知而不言（隐默）”训正“隐”，以“视”及“辨别是非”训正“直”，以“容许什么样亲属对犯案人什么样行为保持沉默不发”训正唐律以来的“亲属得相容隐”律条，从而指出“亲属得相容隐”“亲亲得相首匿”是权利设置而“干名犯义”等不许告亲尤告尊亲是义务设置，且“亲属得相容隐”仅仅是指言语行为而非其他行为。本书另有《孟子》“徒法不能以自行”究竟何意、儒家思想与人权话语的交集、儒家应该向基督教学习什么、儒家书院的文化功能与重建前景等专论，视野开阔，内容丰富，思想锐利，见解独辟，于儒家礼乐刑政问题多有阐发及学术辨正。

六、《闲先贤之道》

陈乔见著，中国政法大学出版社 2013 年版

本书所收录的文章，以儒家义理为中心，以儒学辩诬为羽翼，以中西比较为背景，辅以学术评论和短议，对儒家伦理尤其是“亲亲互隐”、仁义孝弟、公私观念等皆有自己独到的理解和阐释，对中西哲学中的论说方式、思维方式、家庭观念、伦理特质等提出了一些新颖的见解。作者秉持独立思考之精神，不苟同于学术

权威，不苟合于流俗之见，字里行间流露出作者闲先圣之道、阐儒学之蕴、解现实之惑的思想旨趣和现实关怀。

七、《政治儒学评论集》

任重主编，中国政法大学出版社 2013 年版

本书以蒋庆先生“政治儒学”思想为中心，收录了来自各界的学术论文和思想性评论。甲编为儒门内部批评，乙编为较有明显思想立场的儒门外部批评，丙编为较为中立的评论。

“儒生文丛”稿约

出版目的：弘扬儒学，提携后学，促进各界对儒家的全面了解，推动中国学术繁荣、文化发展、社会进步、民族复兴。

征稿对象：自觉认同儒家的学术研究者，主动弘扬儒学的社会实践者。

内容要求：学术性与社会性相结合，要有担当意识、价值关切和文化情怀。既收编学术研究专著，也收编各界同道的弘道文集。学术论文要言之成理，文化评论要立场明确，经验总结要翔实严谨，诗文随笔要有儒家趣味。

投稿程序：请作者投稿至主编电子邮箱（rujiarz@126.com）。主编初审后交“儒生文丛”学术委员会审议。若学术委员会审议通过，则列入下一辑出版计划。

学术委员：蒋　庆　陈　明　康晓光　余东海　秋　风

“儒生文丛”主编任重　敬告